KiWi 163

Über das Buch

1987 wird in die Nachkriegsgeschichte als das Jahr des tiefsten Börsensturzes dieses Jahrhunderts eingehen. Selbst der schwarze Freitag im Oktober des Jahres 1929 an der New Yorker Börse, Auslöser der Weltwirtschaftskrise der 30er Jahre, hatte ein geringeres Ausmaß.
Um so überraschender, daß die verantwortlichen Politiker auch in der Bundesrepublik nach dieser globalen Erschütterung des Aktienmarktes mit dem Hinweis auf das mittlerweile gewachsene wirtschaftspolitische Wissen nicht den geringsten Anlaß zur Besorgnis sehen und keinerlei Neigung erkennen lassen, dieses Wissen auch anzuwenden.
Stefan Welzk, Autor der im Vorjahr erschienenen auch international viel beachteten Studie *Boom ohne Arbeitsplätze*, untersucht aus diesem Anlaß im vorliegenden Band genauestens die Unterschiede und Gemeinsamkeiten der großen Börsenkrisen 1929 und 1987 und gelangt dabei zu beängstigenden Ergebnissen. Seine Diagnose: Bleiben die Bundesrepublik und andere westliche Regierungen bei ihrer bisherigen Strategie des Stillhaltens und Gesundbetens, wird es zu der größten Wirtschaftskrise der Nachkriegszeit kommen.

Über den Autor

Stefan Welzk, geboren 1942, theoretischer Physiker, Dr. phil., Dr. rer. pol., Studium der Physik, Mathematik und Literatur in Leipzig, 1968 Flucht in die Bundesrepublik, Studium der Philosophie in Hamburg und München, der Wirtschaftswissenschaft in London und Florenz, 1970–80 mit Unterbrechungen am Max-Planck-Institut zur Erforschung der Lebensbedingungen der wissenschaftlich-technischen Welt in Starnberg, arbeitet an der Universität Konstanz über ›Konzernentwicklung und Wirtschaftskrise‹, schreibt u. a. für WDR, SFB, METALL und KURSBUCH.

Stefan Welzk

Vom Börsencrash zur Wirtschaftskrise

Hintergründe, Gefahren, Auswege

Kiepenheuer & Witsch

Die diesem Buch zugrundeliegenden Untersuchungen wurden von der Stiftung Volkswagenwerk gefördert.

Umschlag Manfred Schulz, Köln, nach einer Konzeption von Hannes Jähn,
Umschlagfoto: dpa
Gesamtherstellung Clausen & Bosse, Leck
ISBN 3 462 01908 2

Inhalt

Oft habe ich es ausgesprochen, daß Konjunkturen nicht als Fluch oder Segen über uns kommen und wir bestürzt oder beglückt fatalistisch hinzunehmen hätten, was ein blindes Schicksal für uns bereithält! Nein, unser wirtschaftliches und soziales Schicksal ist im Guten und im Bösen unserer eigenen Verantwortung, unserer Besinnung, unserem Tun und Lassen anheimgegeben. Wir betrügen uns selbst, wenn wir unser schuldfhaftes Versagen mit dem Hinweis auf eine so oder so geartete Konjunktur zu bemänteln versuchen.

Wir haben uns heute die Frage vorzulegen, was uns zu tun aufgegeben bleibt, damit sich gefährliche Entwicklungen wie die der dreißiger Jahre, von innenpolitischen Fehlleistungen ausgehend, sich in der Demontage der weltwirtschaftlichen Zusammenarbeit fortsetzend und am Ende in einer fast fatalistischen Einstellung gegenüber Drohung und Gewalt gipfelnd, nicht noch einmal wiederholen können.
Sollten wir nicht aus der Krise der dreißiger Jahre lernen? Muß uns immer erst Elend überfallen, ehe wir dann auf sehr viel bescheidenerem Niveau wieder von vorn beginnen können?

Prof. Ludwig Erhard

Einführung

Kein Grund zur Besorgnis. Unseriös sei es, die Gespenster von 1929 an die Wand zu malen. Keine neuen Arbeitslosenarmeen, kein Sturz in die Krise. Keinerlei Handlungsbedarf. Der größte Börsencrash des Jahrhunderts bliebe wirtschaftlich folgenlos.

Diese Überzeugungen sind der vielleicht teuerste Irrtum der deutschen Nachkriegszeit. Die Nervosität ob der Untätigkeit Bonns wächst. Die Investitionen werden zusammengestrichen. Die wirtschaftliche Talfahrt gewinnt an Kraft.

Doch während sich hinsichtlich der *Folgen* der »Oktoberkatastrophe« langsam realistischere Erwartungen durchsetzen, liegen ihre *Ursachen* noch völlig im blinden Fleck der öffentlichen Optik. Das war kein Zimmerfeuerwerk im geschlossenen Club der Spekulanten. Die Wirtschaft wurde in den 80er Jahren fundamental fehlgesteuert. Solange verkannt wird, welcher Mechanismus den Infarkt der Aktienmärkte mit Notwendigkeit erzeugt hat, so lange besteht keine Chance, seine Konsequenzen zu erkennen und schützend einzugreifen. So lange werden bei Kursentwicklung und Konjunktur kostspielige Fehlerwartungen genährt.

Schockierend sind die genauen Parallelen der Entwicklung hin zum Crash 1929 und 1987, und die Unterschiede zwischen damals und heute fallen eher noch zuungunsten der

Gegenwart aus. Das Krisenmanagement ist schwieriger, die Situation verfahrener als damals und die Klarsicht der Regierungen kaum gewachsen. Die Krise kommt, wenn und weil die Verantwortlichen in dem Glauben versammelt sind, daß sie ausbleibt, und deshalb das Notwendige unterlassen. Das zeigt dieses Buch.

Das Kapitel *Börsendämmerung* bietet eine Revue des Geschehens seit dem 19. Oktober – jenem offiziellen Stichtag einer Epochenwende – und seiner unmittelbaren Auswirkungen.
Das folgende Kapitel enthält den Kern unserer Krisenerklärung und -prognose. Es zeichnet den klaren Unterschied in Ursachen, Triebkräften und Verlauf zwischen einem normalen Konjunkturzyklus und jener Art von Boom- und Depressionszusammenhang, wie er die Jahre 1924–29 regiert hat und in seinen ersten zwei Phasen 1982–87 zu beobachten ist. Diese Erklärung wird in den nachfolgenden drei Kapiteln mit Blut und Leben gefüllt.
Das dritte Kapitel *Die amerikanische Tragödie* erklärt Glanz und Elend der Renaissance der westlichen Führungsmacht – des Börsenwunders und des Konsumrauschs der Luxusklasse bei gleichzeitig rasch voranschreitender Sklerose der amerikanischen Wirtschaft – als zwei Seiten derselben Münze. Die Eigenheiten und Absonderlichkeiten des Super-Monopolies an der Wallstreet und ihre volkswirtschaftlich destruktiven Wirkungen werden deutlich gemacht. Das »New Gatsby Age« mit seiner Romantik von Reichtum und Egoismus ist die Kehrseite einer Vernachlässigung des Produktiven, eines alarmierenden Verfalls von Bildung und Ausbildung, einer rasch dahinschwindenden internationalen Konkurrenzfähigkeit und eines Niedergangs von Wohlstand und Lebensqualität im gewöhnlichen Amerika.
Kapitel vier *Geldschwamm USA* resümiert, wie der Rest der

Welt das amerikanische Börsen- und Verschuldungsspektakel finanziert und das zumeist mit Wohlstands- und Wachstumsverlusten bezahlt.
Das folgende Kapitel *1924–29 und 1982–87 – Vergleich zweier Epochen* enthält die eigentliche empirische Pointe des Buches. Es zeichnet die Parallelität der Fehlentwicklung und -steuerung der Wirtschaft 1924–29 in den USA mit der notwendigen Konsequenz des Schwarzen Freitags und einer langanhaltenden Depression mit dem »Bilderbuchfall« Bundesrepublik 1982–87.
Kapitel sechs *Diagnose der Weltwirtschaft* sichtet die Vielfalt der Bedrohungen und Probleme und zeigt, daß die in der Nachkriegszeit bewährten Konzepte der Konjunktursteuerung und Kriseneindämmung sich in den 80er Jahren neuen Schwierigkeiten gegenübersehen und in ihrer Anwendbarkeit und Wirksamkeit geschwächt wurden. Die Situation verlangt mehr an Abstimmung, Wachheit und Können von der Politik, als gegenwärtig beobachtbar ist.
Zur Lage der Nation erläutert diesen Befund am Beispiel der Bundesrepublik Deutschland. Die spezifische Verletzlichkeit und Fragilität der deutschen Konjunktur kontrastiert eigentümlich der Verdrängung unserer Lage, die bis zum Ignorieren elementarer Kennziffern der Wirtschaftsentwicklung reicht. Handlungsaskese und Verweigerung einer Orientierung seitens der Verantwortlichen entwickeln sich zu einem eigenständigen Krisenfaktor.
Das letzte Kapitel zeichnet die grundsätzliche Alternative, vor der wir heute ebenso wie 1929 stehen – entweder der Kurs einer kollektiven Selbstschädigung durch bestenfalls kurzfristig wirksame nationalistische Rettungsversuche oder eine in der Gemeinschaft der Industriestaaten abgestimmte Wachstums- und Kriseneindämmungsstrategie.

I
Börsendämmerung

Wider einmal scheint das Wohlergehen der Welt von einigen wild schwankenden Zahlen abzuhängen – Zahlen, um die sich in Zeiten des Börsenfriedens der weitaus größte Teil des Menschengeschlechts nicht schert. Doch wenn seriöse und stocktrockene Wirtschaftsmagazine wie »Financial« Times und »Handelsblatt« in den Horrorjargon der Boulevard-Presse verfallen, dann ahnt auch der Normalwähler, was die Stunde geschlagen hat. Nach fünf Jahren heißer Hausse wurden die Weltbörsen über Nacht in eine wahre Höllenfahrt gerissen. An der Wallstreet rasten am »Schwarzen Montag« die Kurse so schnell in die Tiefe, daß die Kursanzeige zeitweilig dem Markt um Stunden hinterherhinkte und die Börse in den Blindflug überging. Rasch war der Rekordsturz des legendären »Schwarzen Freitags« überholt. Amerikas Aktionäre verloren in sechseinhalb Stunden fast ein Viertel ihres Vermögens.

»Es ist der schlimmste Markt, den ich je gesehen habe«, gestand der Präsident der New Yorker Börse. »Es ist das reine Chaos«, »es herrscht out-and-out panic«, berichteten Wallstreet-Makler auf der Titelseite der »International Herald Tribune«. Amerikas Telefonnetz war überlastet wie sonst nur zu Weihnachten oder nach Erdbebenkatastrophen. Auch Nicht-Aktionäre packte das Entsetzen. Sechs Milliarden Dollar Verlust hatte zum Beispiel die Pensionskasse kalifornischer Lehrer gemeldet. Kleine Leute, die jahrzehntelang eingezahlt hatten, bangten um ihre Renten.

Durch alte und neue Medien, durch Stammtisch-Ängste und transatlantische Synchronschaltungen der Flimmerindustrie geisterten Erinnerungen an die große Depression, an endlose Menschenschlangen vor Arbeitsämtern und an Fensterstürze ruinierter Spekulanten. Doch die Fenster der Wallstreet lassen sich heute nicht mehr öffnen, und das Stempelgeld schickt wohl auch künftighin der Computer aufs Girokonto.

Sieht man von derart technischer Krisenkosmetik ab, so fallen die Unterschiede zwischen damals und heute wenig beruhigend aus. Ohne Beispiel ist die weltumspannende Gleichzeitigkeit des Crashs, seine Schnelligkeit und seine Stärke. Diese Rekorde sind das Resultat der elektronischen Revolution beziehungsweise jenes kunstreichen Ge- und Mißbrauchs, den die Finanzwelt davon zu machen versteht. Das zumindest ist die besänftigende Erklärung, die gegenwärtig gehandelt wird: Nicht die Wirtschaftsbeben hätten an Stärke gewonnen – nur die Seismographen würden heute hektischer und sensibler reagieren. (Wir werden sehen, wie weit diese Sicht der Ereignisse trägt.) Faszination hatte es in der Tat, wie die Börsen weltweit kurzgeschlossen als ein einziger Katastrophenverbund funktionierten. Im Oktober 29 war unmittelbar nur der kanadische »stock exchange« voll mit in die Tiefe gerissen worden. Zürich, Berlin, Paris, London und Brüssel reagierten verschleppt und abgeschwächt und hatten sich erst nach und nach in den Abwärtstrend eingeklinkt. Diesmal dagegen waren die Kurse rund um den Erdball im freien Fall, in London, Tokio und Mailand ebenso wie in Amsterdam, Frankfurt und Zürich. Singapurs Börse, sonst eine Insel der Stabilität, verbuchte in zwei Tagen einen Kurssturz von über 30 Prozent. Hongkongs Aktienmarkt wurde dichtgemacht. Selbst die Schlie-

ßung der Wallstreet stand kurz bevor. Erst nach Telefonaten mit dem Weißen Haus ließ New Yorks Börsenpräsident von dem Gedanken, das Nervenzentrum des Weltkapitals stillzulegen.
Statt dessen erschien Dienstag Schlag 12 Uhr 38 ein Unbekannter auf der Bildfläche und kaufte massiv Futures genau jener 17 Industrie-Werte, die den »Major Market Index« bilden. Es war der einzige Börsenindex, der zu jener Stunde in New York noch funktionierte. Zu Recht wohl vermutet das »Wallstreet Journal« abgestimmte Interventionen einer Gemeinschaft führender Investment-Banken. Verdächtigt werden Morgan Stanley, Kidder Peybody und Salomon Brothers. Auch das ist eine exakte Parallele zu 1929. Damals versuchte ein eilig zusammengezimmertes Notsyndikat New Yorker Großbanken vergeblich, mit einem Pool von Kauforders den Sturz ins Bodenlose abzubremsen. Diesmal dagegen war der Coup erst einmal erfolgreich – wenngleich vielleicht auch nur deshalb, weil der Markt ohnehin schon tiefer gestürzt war als weiland am Schwarzen Freitag. In den USA jedenfalls war der Kursverfall zunächst gestoppt – anders als in Europa und Fernost. Bis zum 11.11. waren die Aktien in Amsterdam, London und Zürich um rund ein Drittel gefallen und in Hongkong, Singapur und Sidney fast halbiert worden. Die deutsche Börse verbuchte in vier Wochen einen stärkeren Verlust als nach dem Schwarzen Freitag von 1929 während eines ganzen Jahres.

Die computerisierte Hysterie

Was sind die Ursachen dieses Infarkts der Aktienmärkte? Auf der Anklagebank sitzen Computer und Kommunikationssysteme. Ihnen sei es zuzuschreiben, daß sich eine vielleicht unsensationelle Schwankung im Dauerboom dieses schier endlosen Börsenfrühlings bis zur Gefahr einer Welt-

Tabelle 1
Entwicklung der Aktienkurse an den Weltbörsen im Herbst 1987 (Index)

	16. 10.	19. 10.	20. 10.	11. 11.
Frankfurt	100	93,8	89,3	67,5
Amsterdam	100	91,8	83,4	64,5
Brüssel	100	89,5	89,1	78,0[a)]
London	100	85,8	82,7	68,0
Mailand	100	93,8	89,7	73,7
Paris	100	95,3	89,8	77,0[a)]
Wien	100	98,0	93,9	82,0
Zürich	100	89,2	85,11	65,0
Hongkong	100	89,9	–[b)]	54,7
Singapur	100	87,9	69,5	56,1
Sydney	100	96,3	72,3	53,6
Tokio	100	97,6	83,1	79,8
New York	100	77,4	81,9	84,5

a) Kurse vom 12. 11. 87
b) Die Hongkong Börse wurde nach dem 19. 10. zunächst geschlossen.
Quelle: Handelsblatt

wirtschaftskatastrophe aufschaukeln konnte. Sie hätten den legendären Herdeninstinkt der Wallstreet digitalisiert und damit in neue Dimensionen getrieben. Wahr ist daran, daß die neuartigen Geräte eine – aber eben nur *eine* der Voraussetzungen sind für mancherlei Fragwürdigkeiten und spekulative Exzesse.

Tot ist in Amerika die betuliche Börse der zwanziger bis sechziger Jahre. Weit stärker noch als damals dominieren heute die großen Fische das Geschehen, Brokerhäuser (wie inzwischen auch im Deutschen die Makler-Agenturen genannt werden), Trusts, Pensionsfonds, Investmentbanken – Spekulationsagenturen mit astronomischem Kapitaleinsatz.

So kam die von Ronald Reagan nach dem 19. Oktober eingesetzte »task force« unter Führung des Investment-Bankers Bradley zur Erkenntnis, daß nicht mehr als eine Handvoll von Großverkäufern diesen schlimmsten Crash der

Börsengeschichte in Szene gesetzt hat. »Solch hemmungslose Konzentration von Marktmacht muß in Frage gestellt werden und es ist eine Enttäuschung, daß die task force das nicht getan hat«, urteilte selbst Business Week.[1]

Zum zweiten hat sich ein aggressives, hochriskantes Verhalten durchgesetzt. Die Börsenhaie spekulieren heute auf des Messers Schneide. Kauf und Wiederverkauf innerhalb weniger Minuten, mitunter Sekunden, sind üblich, um auch die mikroskopischste Kursschwankung noch zu versilbern. Möglich ist das nur dank der Computerisierung von Kursbeobachtung sowie der Kauf- und Verkaufsorders. Das wieder ist kein billiger Komfort. Um die 20–30 Millionen Dollar kosten die Hard- und Software-Pakete der Brokerhäuser.

High-tech, exzessive Spekulation und Dominierung des Börsentreibens durch Mammutfirmen setzen einander also wechselseitig voraus. Sie sind gemeinsam verantwortlich für die extreme Labilität der Märkte. Und sie bieten eine brillante Lektion zur Dialektik von technischem Fortschritt und der Deformation menschlichen Verhaltens. Viel ist geschrieben worden über »Programmhandel« und das ganze raffinierte Wechselspiel zwischen Aktienindizes und »Futures« – Terminkontrakten und Optionen, Papieren also, die einem verbriefen, zu einem heute festgelegten künftigen Tag bestimmte Bündel bestimmter Wertpapierarten zu einem heute festgelegten Preis kaufen oder verkaufen zu können. Der Handel mit diesen und ähnlichen luftigen Gebilden aus der Zauberwelt des »Financial Engineerings« hat ein beängstigendes Ausmaß angenommen. An normalen Tagen wurden am Chicago Mercantile Exchange Terminkontrakte für Aktien im Wert von ca. neun Milliarden Dollar verkauft. Solche Geschäfte bestehen fast nur aus heißer Luft. Nach dem Urteil des Börsen-Altmeisters Kostolany hat sich denn auch Chicago in ein riesiges institutionalisiertes Wettbüro verwandelt. Nur fünf Prozent des Preises müs-

sen bei den so heftig gehandelten Optionen auf Aktien mit eigenem Geld angezahlt werden.
Doch den Kursgewinn der Aktie kann der Options-Spekulant zu 100 Prozent kassieren. Zugleich ist er aber auch bei nur fünfprozentigem Kursausschlag nach unten sein Kapital los. Damit steigen Gewinnchancen und Risiko pro Kapitaleinsatz auf das Zwanzigfache. (Bei den Spekulationsorgien vor dem Crash von 1929, als wohl das erste Mal solcher Optionshandel in Schwung kam, waren immerhin noch zehn Prozent vom Kaufpreis der Aktien einzuzahlen.)
Das Gaukelspiel der technischen Raffinesse hat ansonsten stockkonservative Investoren wie die Manager der Pensionsfonds verführt, sich auf blitzschnelle Profite statt auf langfristige Rentabilität ihrer Anlagen zu konzentrieren. Sie wurden von Ökonomen in Glücksspieler verwandelt.
Unvermittelt blickte man am Schwarzen Montag in die Abgründe einer allzu schönen neuen Welt, die von der rastlosen Innovationssucht an den Börsen geschaffen und von der gefeierten Liberalisierung des Geldgeschäfts ermöglicht worden ist. »Der Crash löste Betroffenheit und eine hektische Betriebsamkeit aus. Betroffenheit, weil in der aufgeklärten Finanzwelt unserer Tage kaum jemand mit derart dramatischen Reaktionen der Märkte gerechnet hatte«, schrieb das Handelsblatt. Und: »Viele erkannten zum ersten Mal, daß Neuerungen, die der Hausse Schubkraft gaben, einer Baisse schreckenerregende Proportionen verleihen können«. »Die Märkte, die wir seit 50 Jahren kennen, gibt es nicht mehr«, so Arthur Levitt vom American Stock Exchange. Und reichlich spät dämmerte dem Chef der New Yorker Börse: »In den letzten fünf Jahren hat sich eine Mischung aus Wertpapier- und Warenterminmarkt entwickelt, die niemand mehr voll im Griff hat. Wir brauchen völlig andere, globale Kontrollmechanismen.«[2] Auch jenseits der Börsen hat der gesamte Handel mit Geld und Kapital, mit

Anleihen und Devisen eine unvorstellbare Hektik erreicht. US-Treasury-Bonds – Schuldverschreibungen der amerikanischen Regierung – galten ebenso wie Eurobonds bis vor kurzem noch als langfristige Kapitalanlage. Heute werden erstere im Durchschnitt alle 30 Tage weiterverkauft und Eurobonds gar alle 15 Tage.

Für den Kleinaktionär ist von dieser überentwickelten Spekulationstechnologie nur wissenswert, daß er keine Chance hat mitzurechnen und mit seinem biederen Instinkt ein kalkulier- und verwertbares Element abgibt im computerisierten Börsenpoker der Profis. Im Programmhandel mit »Indizes« werden nicht Aktien einzelner Firmen gekauft, sondern bestimmte Kombinationen von Aktienpaketen. Deren Zusammensetzung ist oft dadurch vorgegeben, daß genau für diese Kombinationen oder Aktien-»Körbe« auch »Future-Indizes« und ähnliche Finanzinnovationen angeboten werden, mit denen sich Risiken absichern, aber mit einiger Risikobereitschaft und Raffinesse im Balancieren zwischen Aktien und Futures auch Zusatzprofite einfahren lassen. Die Folge ist freilich, daß einzelne Ausreißer-Aktien den Verkauf des ganzen Korbes auslösen und damit die gesamte Börse samt allen »gesunden« Titeln mit in die Tiefe reißen können.

Damit ist eine perverse Situation entstanden: Nicht die Aktienkurse bestimmen die »Indizes« des Programmhandels, sondern die Indizes die Aktienkurse. So standen am Schwarzen Montag an der Wallstreet 1576 Verlierer-Titeln nur 14 Gewinner gegenüber.

Die Händler werden zu Gefangenen ihrer eignen Computer-Software. Die Programme üben einen enormen psychischen Druck aus. »Über Nacht hat sich die Reaktionszeit auf marktbeeinflussende Ereignisse von Monaten auf Tage, Minuten und Sekunden verkürzt«, so der Chefökonom der

Brokerfirma Shearson Lehmann Brothers in der »New York Times«. »Wenn du all diese Daten nicht augenblicklich auswerten könntest, wärst du raus aus dem Geschäft«.[3] Und vor den sich überstürzenden Zahlenkolonnen der Bildschirme sitzen Angestellte, die es kaum je wagen werden, wider die Computer-Orders zu löcken. Fehler in der Software sind nicht ihre Verantwortung, Eigenmächtigkeiten dagegen sehr wohl. Ohnehin haben sie schlicht nicht die Zeit nachzudenken, ob die Annahmen noch zutreffen, die ins Programm eingebaut worden sind – vorausgesetzt, sie haben sie je verstanden. Und entscheidende Annahmen – z. B. daß Märkte sich »vernünftig« verhalten, daß es für jeden Verkäufer einen Käufer gibt, daß Aktien und Futures sich in enger Nähe zueinander bewegen – waren am Schwarzen Montag hinfällig.

Denn die Programme der verschiedenen Broker-Häuser sind einander gleich oder sehr ähnlich: Ab einer bestimmten Schwelle des Kursverfalls wird eben verkauft. Schlagartig hagelt es dann Sell-orders von allen Seiten. Wäschekörbe oder Wagenladungen von Aktien werden auf einen Markt gekippt, auf dem außer »unprogrammierten« Kleinhändlern niemand mehr kauft. »Das Problem war eben, daß jedermann mit ungefähr derselben Theorie arbeitet. Sie kriegen alle die gleichen Feedbacks, und die führen jeden zur selben Reaktion«, erklärte einer der Chefs von Berkeley Investment Technologies, Großproduzent der Unglücks-Software, das Geschehen.[4] Computerprogramme wie die »portfolio insurance«, die vor Verlusten schützen sollten, multiplizierten diese statt dessen, weil jedermann zur gleichen Zeit zum gleichen Notausgang wollte.

Über 600 Millionen Aktien wechselten in New York am 19. Oktober »über den Tresen« oder besser über den Bildschirm. Die Folgen der digitalen Revolution im Wertpapiergeschäft erwiesen sich an diesem Montag als derart verheerend, daß an der Wallstreet den Programmhändlern schlicht die Verkaufsleitungen zur Börse gekappt werden mußten. Andernfalls hätte die Verkaufsflut die »Kernschmelze« ausgelöst – den Zusammenbruch aller Preisbildung und damit des Marktes. Zwei Tage später wurde das berühmte Computersystem der Londoner Börse abgeschaltet, weil es die »falschen« Indikatoren ausgespuckt habe. Es ist das modernste und teuerste seiner Art und war erst im Herbst zuvor mit riesigem Reklamerummel inthronisiert worden.

Unbestreitbar ist die computerisierte Spekulation heißer, schneller und schwerer unter Kontrolle zu bringen. Damit ist gegenüber der Großen Krise der ersten Jahrhunderthälfte ein extrem destabilisierendes Element hinzugekommen. Es verstärkt die Schwankungen, beschleunigt die Ausbreitung der Schockwellen eines Börsenbebens und vermindert die verfügbare Reaktionszeit und die Chancen für ein politisches Krisenmanagement. Doch den Computern die Hauptschuld am Crash in die Schuhe zu schieben ist unfair. Immerhin sind die deutschen Börsen, an denen ein »Programmhandel« bisher kaum existiert, inzwischen noch stärker abgerutscht als die Wallstreet (vgl. Tabelle 1).

The day after – Der Dienstmädchen-Boom

Einst hatte der amerikanische Börsenkönig Dow gespottet, am Ende eines Booms würden die Aktien von den Profis zu den Dienstmädchen wandern. Beherzter Einsatz von Polit-Prominenz und Wirtschafts-Gurus in den Massenmedien vermag heute auch noch unmittelbar *nach bereits erfolgtem Crash* die Verlustlawine umzulenken. Banker, Broker und Minister eilten zur Beschwichtigungsoffensive an die Fernsehfront. Finanzminister Stoltenberg befand den Kurssturz für wirtschaftlich nicht gerechtfertigt und sprach von »Irrationalität«. (Eher das Gegenteil ist wahr: Das Spekulationsfieber der letzten Monate und Jahre war von Wahrnehmungen der Realität durchbrochen worden. Die Wirkungen waren schockartig.) Eilig rechneten Bankenchefs und Wirtschaftsprofessoren dem Fernsehpublikum vor, wie spottbillig Aktien über Nacht geworden wären. Zum Ausverkaufspreis, zum Nulltarif fast seien solide Standardwerte jetzt zu haben.

Gefällige, besänftigende Bilder wurden dargeboten. Gleich dem Hündchen eines Spaziergängers springe der Aktienkurs mal vor, mal zurück, folge im Trend aber doch zwanglos der wirtschaftlichen Vernunft – so Österreichs Banken-As und Ex-Vizekanzler Androsch in einer Fernseh-Therapie für Aktionäre. Präsident Reagan erklärte – ebenso wie 1929 Präsident Hoover – mit routinisiertem Optimismus den Kurssturz zur reinen Börsenangelegenheit. Es gebe keinerlei Anzeichen für eine Rezession oder schlechte Zeiten. Alle wirtschaftlichen Grunddaten seien in Ordnung und die Ökonomie grundgesund.

An der Wallstreet kauften Konzerne en masse ihre eignen Aktien auf, um den Kurs wieder hochzudrücken. Die amerikanische Börsenaufsicht setzte eigens für diesen Zweck jene Vorschrift außer Kraft, die den Firmen in der letzten Börsenstunde solchen Rückkauf eigner Aktien zur Kursmanipulation untersagt. Auch in Deutschland hievte eine abgesprochene Aktion von Banken, Investmentfonds und Versicherungen die Kurse erst einmal wieder nach oben. Und in ermüdender Breite präsentierte das abendliche TV Münchner Hausfrauen und Sekretärinnen beim Aktienkauf, die mit strahlender Zuversicht den Zuschauern versicherten, jetzt könne es nur noch aufwärts gehen.

Propagandaschlacht und Kurskosmetik zeigten Wirkung, hierzulande ebenso wie in Übersee. Schon am nächsten Tag stürmten Myriaden von Kleinkunden Börsen und Bankenschalter und kauften sich arm an den jetzt so günstigen Papieren. Die Stadtsparkasse München zum Beispiel meldete ein Verhältnis der Käufe zu den Verkäufen von 20:1. Der Handel erstickte laut »Handelsblatt« fast unter einer Flut von Mini-Aufträgen. Wieder herrschte Chaos auf dem Börsen-Parkett – diesmal freilich mit positivem Vorzeichen. Erneut mußten die Öffnungszeiten der Börsen verlängert werden. Ein guter Teil der Kursverluste vom Schwarzen Montag wurde wettgemacht.

Großanleger, Investmentfonds und Brokerhäuser freilich hatten viel zu gut begriffen, daß die Luft raus war aus dem Börsenboom, und nutzten die Gunst der Stunde, um sich leise von ihren Aktien zu verabschieden. Damit wurden die Verluste von der Groß- auf die Kleinkundschaft abgeschoben. Rund eine halbe Milliarde an Umsatzprovision konnten die deutschen Banken in diesem traurigen Geschäft kassieren. Diejenigen Anlageberater der Banken, die den Kleinkunden in jenen Tagen nicht vom Aktienkauf abgeraten haben, haben sich moralisch oder fachlich disqualifiziert. Denn daß die Aktienkurse noch nicht auf ein wirtschaftlich gerechtfertigtes Niveau zurückgeführt waren, mußte selbst der biederste Bankfachmann erkennen.

Dieser Zwischenboom der Börsenlemminge währte gerade einen Tag, dann brachen die deutschen Aktienkurse wieder nach unten aus. Zwar versicherte Finanzminister Stoltenberg mal um mal der abendlichen Fernsehgemeinde, nunmehr gehe es ganz bestimmt wieder aufwärts. Doch in weniger als vier Wochen hatten jene zahllosen Hobby-Spekulanten, die der Vertrauensoffensive am Day after erlegen waren, ein Viertel des eingesetzten Vermögens eingebüßt. Renommiertitel wie Siemens, Porsche und VW waren nur noch halb soviel wert wie wenige Monate vorher. Das gleiche Schicksal traf die Großen des deutschen Maschinenbaus MAN vormals Gutehoffnungshütte und Klöckner Humboldt Deutz. Die Deutsche Bank hatte zum Jahresultimo 53% ihres Wertes

gegenüber dem letzten Silvester verloren. Damit rangierte Deutschlands größtes Geldimperium auf der Verliererliste des Jahres auf Platz zwei hinter Deutschlands größtem Konzern. Daimler-Benz lag 58 % unter dem Vorjahresultimo. Im »Handelsblatt« mokierten sich Anlage-Experten, »daß einige nach dem Sturz gleich wieder sehr optimistisch waren, die kleinen Leute sozusagen mit Stoltenbergs Segen in die Aktien gerast sind«[5]. Genervt beschwor Ex-Bundeskanzler Helmut Schmidt die Polit-Prominenz, sie solle »auf alberne Fernseh-Seelenmassagen verzichten – diese mindern das öffentliche Vertrauen nur noch zusätzlich«.[6]
Das Hohelied vom Volkskapitalismus klingt jetzt ein wenig heiser, und das nicht nur hierzulande. In Amerika zum Beispiel hatten viele Angestellte steuerbegünstigt in Optionen ihrer Firmen investiert – im Rahmen der populären ESOPs (Employee Stock Ownership Plans). Der Wert vieler dieser Optionen hat sich jetzt in Luft aufgelöst. Zu den großen Verlierern des Crashs zählen in den USA auch Kleinanleger, die ihre steuerbegünstigte Altersversorgung durch die »IRAs« (Individual Retirement Accounts) überwiegend in Aktien angelegt haben. In Europa dagegen liegt die Altersversorgung der kleinen Leute zumeist in der Obhut des Staates und ist bislang kaum in eine fragwürdige »Eigenverantwortung« abgeschoben worden. Deshalb sind Schäden dieser Art auf dem alten Kontinent eher begrenzt.
Bei den Aktiensparern freilich sieht es weniger günstig aus. Erst kurz vor dem Crash sind namhafte britische und französische Staatsfirmen privatisiert worden. Millionen von kleinen Sparern sollen angebissen haben. Paradestücke der Privatisierungs-Kampagne wie British Gas und British Telecom haben jetzt rasch ein Drittel ihres Wertes eingebüßt. Die Trennung von den abstürzenden Papieren erwies sich für Kleinanleger oft als mühsam bis unmöglich. Weltweit hielten Börsenmakler an den Katastrophentagen einfach

ihre Telefone blockiert oder weigerten sich, Kleinaufträge abzuwickeln. Einen ungewollten pädagogischen Wert hat denn wohl auch das mit großem Werbeaufwand von den deutschen Sparkassen aufgezogenen »Planspiel Börse 87«. 99 Prozent der Teilnehmergruppen fanden sich auf der Verliererseite wieder.

Spekulationsgewinn statt Rendite

Als Präsident Nixon mit seiner Pekingreise die sensationelle Kehrtwendung der amerikanischen China-Politik vollzog, begann in London ein reger Handel mit Staatsschuldverschreibungen des alten kaiserlichen China. Nicht daß irgend jemand ernsthaft geglaubt hätte, die rote Volksrepublik werde für diese vergilbten Papiere der Jahrhundertwende je einen Yuan herausrücken. Jeder spekulierte auf den größeren Idioten und war hoffnungsvoll, mit einem Gewinn abzuspringen, bevor dieser Nonsens platze. Der kometenhafte Anstieg der Aktienkurse seit 1982 hat eine ähnlich solide Grundlage – mit dem Unterschied freilich, daß diesmal die Spekulanten selbst mehrheitlich von der Solidität ihrer Anlagen überzeugt gewesen sind. John Kenneth Galbraith, der Grand Old Man der amerikanischen Wirtschaftswissenschaften, bemerkte denn auch bissig, der Crash beweise vor allem, daß Dummköpfe ihr Geld früher oder später los werden.
Wer den Kollaps der Kurse für »irrational« erklärt und für »wirtschaftlich nicht gerechtfertigt«, dem sind in der Tat die elementaren Fakten entgangen. Die deutsche Wirtschaft hat im letzten Jahr (1986) wahre Traumgewinne eingefahren. Doch der Aktionär ist mit einer Rendite von 1,75 Prozent nach Hause gegangen – bezogen auf den Marktpreis seiner Papiere. Die risikoarmen Festverzinslichen dagegen hatten mit ca. sechs Prozent mehr als das Dreifache abgeworfen. Selbst das Sparbuch des kleinen Mannes war noch

profitabler als die Aktie. Die gleiche Situation bestand bereits im Jahr zuvor. Doch die Aktienkurse schossen unbeeindruckt im Frühjahr 86 auf neuen historischen Rekordstand und schwankten seither nicht allzuviel unterhalb dieses Topniveaus. Die Börse boomte wie kaum je zuvor. Unverkennbar war die Dividende für den Aktienkauf bedeutungslos geworden. Ausschlaggebend für den Heißhunger auf die völlig überteuerten Papiere war die Hoffnung auf weiteren Kursgewinn – mit anderen Worten die reine Spekulation. Daß dieses Kursniveau irgendwann einbrechen mußte, war unvermeidbar. Die Börse, das sei Monte Carlo ohne Musik – so einst der legendäre Fürst von Fürstenberg, Chef des Berliner Börsenvereins. Es scheint, die gehobeneren Einkommensschichten sind von der Wende in eine euphorische Monte-Carlo-Stimmung versetzt worden. Die kleinen Nach- und Mitläufer ohne Reserven trifft es – wie so oft – am härtesten.

Wie erklärt sich dieser Verfall der Aktienrentabilität? Er war in der Bundesrepublik zum Teil das Ergebnis der Hochzins- und Deflationspolitik der Bundesbank. Der große Vorteil von Aktien gegenüber anderen Geldanlagen ist traditionell ihre Inflationssicherheit. Ihnen stehen Sachwerte gegenüber, nämlich das Betriebsvermögen der Aktiengesellschaften. Festverzinsliche Papiere dagegen sind zwar sicher gegenüber dem Auf und Ab der Konjunktur und der Börsen. Doch das eingezahlte Kapital wird am Ende nominal zurückerstattet – der zwischenzeitliche Inflationsverlust geht zu Lasten des Anlegers. So war 1980 die Profitabilität der Festverzinslichen nominal mehr als doppelt so hoch wie die der Aktien, doch nach Abzug der Inflationsrate blieb nur ein Drittel dieser schönen Rendite übrig (vgl. Tabelle 2). Nun hat die Bundesbank mit ihrer strengen Geldpolitik inzwischen die Inflation verdrängt, zugleich aber auch die Zinsen auf sehr hohem Niveau gehal-

Tabelle 2

	Rendite der erstmals abgesetzten festverzinslichen Wertpapiere			Rendite börsennotierter deutscher Aktien	Verhältnis Aktienrendite / Rendite festverzinsl. Wertpapiere
	nominal	Inflationsrate	real		
1980	8,5%	5,4%	2,9%	3,84%	1,32%
1981	10,2%	6,3%	3,7%	3,73%	1,01%
1982	8,9%	5,3%	3,4%	3,13%	0,92%
1983	7,9%	3,3%	4,5%	2,14%	0,48%
1984	7,7%	2,4%	5,2%	2,31%	0,44%
1985	6,9%	2,2%	4,6%	1,58%	0,34%
1986	6,1%	−0,2%	6,3%	1,75%	0,28%

Quellen: Statistische Beihefte zu den Monatsberichten der Deutschen Bundesbank, Reihe 2, Wertpapierstatistik, Tab. 8a, 15 und 17, Monatsberichte der Deutschen Bundesbank Tabelle VIII. 7

Anmerkung: Verglichen werden hier die Aktienrenditen abzüglich Steuergutschrift von 36% mit der Rendite der festverzinslichen Wertpapiere. Dieses Verhältnis spiegelt die reale Situation angemessen wieder, da bislang offenbar Zinseinkünfte aus Wertpapierdepots mehrheitlich nicht der Steuer deklariert worden sind.

ten. 1986 hatten wir infolgedessen mit über sechs Prozent die höchsten Realzinsen (Zinssatz abzüglich Inflation) in der Nachkriegsgeschichte, wenn nicht gar in der Geschichte des Industriezeitalters (vgl. Tabelle 2 Spalte 3). Mit dem Verschwinden der Inflation war der Hauptvorteil der Aktien gegenüber den Festverzinslichen ausgelöscht.

Doch die andere Hälfte der abgesunkenen Aktien-Profitabilität geht zurück auf das Spekulationsfieber, das in den letzten Jahren auch an den deutschen Börsen grassierte. Hochzinsniveau und Absinken der Inflation haben die realen Renditen der Festverzinslichen 1980–86 mehr als verdoppelt, die hochgetriebenen Kurse die Renditen der Aktien mehr als halbiert. Das Rentabilitätsverhältnis zwischen diesen beiden Geldanlagen wurde damit fast um einen Faktor fünf zu Lasten der Aktien verschoben (vgl. Tabelle 2 Spalte 5). Doch die deutschen Anleger waren der Illusion

Tabelle 3

Index der Aktienkurse

USA 1924–29		USA und BRD 1982–87		
			USA	BRD
1924	100	1982	100	100
1925	130	1983	160	132
1926	134	1984	155	150
1927	170	1985	200	204
1928	249	1986	250	313 (April)
1929/9	316	1987/8	350	285

USA 1924–29: Dezember-Maximalkurse von 30 Dow-Jones-Industriewerten
1982–87: USA 1982 Wert vom 12. 8., USA 1987 Wert vom 25.8., Werte für 1983–86 gerundet; Werte für die Bundesrepublik berechnet aus: Beihefte zu den Monatsberichten der Deutschen Bundesbank, Reihe 2, Wertpapierstatistik, Tabelle 17

Index des Sachkapitalstocks der Wirtschaft

USA 1925–29		BRD 1982–86	
1925	100	1982	100
1926	104,1	1983	103,7
1927	108,5	1984	108,5
1928	112,1	1985	111,4
1929	116,4	1986	115,6

USA: Anlagenkapital ohne Landwirtschaft, vgl. John W. Kendrick, Productivity Trends in the U.S., A Study by the National Bureau of Economic Research, Princeton, N.J. 1961, S. 306
BRD: Bilanzwert des Sachanlagevermögens, berechnet aus: Monatsberichte der Deutschen Bundesbank 11//1985, 11//1986 und 11/1987

eines immerwährenden Börsenfrühlings verfallen und hofften auf stetig steigende Spekulationsgewinne.

Die Parallelen zwischen der Börsenentwicklung 1982–87 und der Entwicklung 1924–29 an der Wallstreet sind schlagend. Beide Male hatte sich der Marktwert der Aktien in 4 bzw. 5 Jahren mehr als verdreifacht. In beiden Fällen war dagegen der reale Sachkapitalstock der Wirtschaft in vier Jahren nur dürftig gewachsen – in den USA 1925–29 um 16,4 % und in der Bundesrepublik 1982–86 um 15,6 % (vgl. Tabelle 3). Damit stand dem rapiden Preisauftrieb an den

Börsen kaum ein Anstieg von Sachwerten gegenüber, der mit diesen Aktien finanziert worden wäre. Die Hausse war folglich in beiden Fällen spekulativ. Die nichtexistente Steigerung der wirtschaftlichen Rendite wurde durch Spekulationsgewinne in Form von Kurssteigerungen ersetzt.
Dieser Sachverhalt spiegelt sich in einem zunehmend hektischen Geschäft. In New York war der Börsenumsatz 1921–29 auf das Sechseinhalbfache hochgeschnellt, in Deutschland 1980–86 gar um mehr als das Zehnfache. Entsprechend vervielfachte sich die Umlaufgeschwindigkeit der Wertpapiere. War 1970 noch jede neunte deutsche Aktie pro Jahr einmal verkauft worden und 1975–82 etwa jede fünfte, so wechselten 1986 Aktien im Wert von fast zwei Drittel des Gesamtbestandes den Besitzer.
Alle Anzeichen einer extremen und gefährlichen Überhitzung, wie sie den klassischen Börsenkatastrophen vorausgeht, waren par excellence erfüllt. Der Crash des Schwarzen Montags im Oktober 1987 war so unausweichlich wie der Schwarze Freitag im Oktober 1929 am Mittwoch zuvor.
Das weltweit explosionsartige Wachstum des Börsengeschäfts und das Abheben des finanziellen Überbaus von der Realität spiegelt sich eindrucksvoll in den Zahlen der Arbeitskräfte, die mit dem Hin- und Herschieben von Wertpapieren verbunden sind. Die Mitgliedsfirmen der New Yorker Börse vermelden nicht weniger als 280000 Mitarbeiter. Doch nach dem Schwarzen Montag hagelt es blaue Briefe. Vorab soll jeder Zehnte seinen Job verlieren. Die Maklerfirma Salomon Brothers z. B. feuert allein 800 Leute. In der Londoner City sind vierhunderttausend Menschen im »Wertpapiergeschäft und daran angrenzenden Bereichen« in Lohn und Brot. Das sind keinesfalls alles nur miesbezahlte Tippsen und Büroboten. Der 25jährige Börsenyuppie, der in London 150000 Pfund, also eine halbe Million Mark pro Jahr verdient, gehört zwar zu den Ausnahmefäl-

len, doch die Gehaltshöhe gibt die Richtung an, in die die Reise ging, solange sich US-Banken und Broker, Briten und Europäer gegenseitig die sogenannten Wertpapierspezialisten weggefangen haben. Und während üblicherweise Computer von vornherein als Jobkiller verdächtigt werden, hat die Computerisierung des Börsengeschäfts und die erwartete Globalisierung des Aktienhandels im Oktober 86 am Londoner Platz sechzigtausend neue Arbeitsplätze entstehen lassen.[7]

Es gibt freilich einen bezeichnenden Unterschied zwischen damals und heute. 1929 war Notenbank- und Regierungschefs zunehmend klar, daß die Aktienhausse aus dem Ruder lief. »Der Markt wurde als Orgie der Spekulation beschrieben, als eine Manie, eine Seifenblase ... Die Kurse waren zu hoch, waren durch ein riesiges Kreditvolumen und hektische Spekulation auf ein Niveau getrieben, das in keiner Beziehung zu dem voraussichtlichen Wachstum von Kapazität, Vermögen und Rentabilität stand«, so MIT-Professor Charles Kindleberger in seiner klassischen Untersuchung über die damalige Weltwirtschaftskrise.[8] Die Zentralbanken versuchten – wenngleich auch zu spät und vergeblich –, gegenzusteuern und den Börsenboom vor dem Crash zu bremsen. Diesmal dagegen haben die Neokonservativen – von Washington bis Bonn – jedwede Sensibilität vermissen lassen und die Spekulationsorgie noch als Ausdruck gesunden Vertrauens in die Marktkräfte gefeiert. Die deutschen Aktien galten mit Verweis auf die amerikanischen als unterbewertet und die amerikanischen mit Verweis auf die japanischen.

Heißer noch als in Frankfurt und Düsseldorf kochte die Spekulation an der Wallstreet. Auch in den USA hatten sich die Börsenkurse seit 1982 mehr als verdreifacht. Doch wegen des höheren Ausgangsniveaus war die spekulative Überbewertung der Papiere doppelt so stark wie in Deutschland.

Broker messen den Wert einer Aktie am »Preis-Ertrags-Verhältnis« (»price-earning ratio«, der dabei verwendete »Ertrag« ist allerdings nicht identisch mit der Rendite). Dieses Verhältnis erreichte vor dem Börsengewitter im Oktober in Deutschland Werte um 11 bis 13, an der Wallstreet dagegen Werte um 22 und in Tokio gar Durchschnittswerte von 66. Wären diese Aktienpreise wirtschaftlich gerechtfertigt, so müßte in wenigen Jahren der größte Teil des Welt-Sozialproduktes von Japan erzeugt werden. Es war das Leit- und Irrlicht dieses japanischen Superbooms, das an den bereits völlig überhitzten Börsen die Hoffnung auf weiteren Kursgewinn genährt hat.

Platzt eine spekulative Hausse, so kann es nur noch abwärts gehen – und zwar mindestens bis zu dem Punkt, an dem die Dividende den Aktienbesitz lohnt. Wenn Kurssteigerungen nicht mehr erwartet werden, gibt es keinen Grund, wirtschaftlich überteuerte Aktien zu halten. Man steigt aus.

Doch der Kurssturz schießt dann zumeist weit über das erforderte Maß hinaus. Denn die Aktionäre richten sich mit ihrem Kauf- und Verkaufsverhalten nicht nach dem Kursniveau, das sie selbst für wirtschaftlich gerechtfertigt halten, sondern nach dem, von dem sie annehmen, daß es vom Meinungsdurchschnitt der Aktionäre als Durchschnittsmeinung der Aktionäre erwartet wird – so die Beobachtung des britischen Ökonomen John Maynard Keynes aufgrund der Erfahrung 1929–33. Und zumal wenn der Crash von einer Wirtschaftskrise begleitet wird oder diese nach sich zieht, sinkt mit den Gewinnen zugleich auch das wirtschaftlich gerechtfertigte Kursniveau rapide ab.

Gewöhnlich gibt es dann eine große Zahl verarmter Spekulanten, die den erlittenen Aderlaß nicht wahrhaben wollen oder nicht verkraften können und auf einen verlustarmen Ausstieg in einem Zwischenboom hoffen. Dieses Zögern federt den Sturz in die Krise ab und führt zu einer langge-

streckten Wellenbewegung mit euphorisch bejubelten Zwischenhochs.
Es lohnt sich, einen Blick auf die Talfahrt an den Börsen nach dem Kollaps von 1929 zu werfen. Rasch folgte an der Wallstreet eine kräftige Teilerholung, die im Frühjahr 1930 ihren Höhepunkt erreichte. Dann gerieten die Kurse erneut ins Trudeln und rutschten tiefer ab als zuvor. Eine zweite Wende zum Guten am Jahresanfang 1931 währte etwa drei Monate. Danach fiel die Börse im Gleitflug erneut um mehr als zwei Drittel zurück. Bis zum Tiefpunkt im Juni 1932 waren die amerikanischen Aktien auf weniger als ein Sechstel ihres Top-Wertes discountiert und die deutschen Aktien um fast zwei Drittel. Die langsame und schwankende Erholung führte bis zum Weltkrieg nicht wieder in die Nähe des Kursgipfels von 1929 zurück.

Roulette auf Kredit

Zur Zeit beruhigt man sich mit einer gänzlichen Unvergleichbarkeit der Situation von 1929 und 1987. Die freilich wird nur unterstellt und nirgendwo nachgewiesen. Die Katastrophe übertraf damals nicht zuletzt deshalb die schlimmsten Erwartungen, weil alle Welt Aktien auf Kredit gekauft hatte. Kursbedingte Wertsteigerungen wurden sogleich als Sicherheiten für neue Kredite verpfändet, mit denen weitere Aktien zugekauft wurden. Als zur Stunde Null die Kurse kollabierten und Kreditpyramiden en gros zusammenbrachen, fanden sich Banken als ruiniert vor, denen eine Gefährdung niemals bewußt gewesen war. Diesmal, so heißt es, habe man das Auswuchern derartiger Kreditpyramiden nicht zugelassen. Bei genauerer Prüfung erweisen sich die Unterschiede freilich als weniger scharf. 1929 war in den USA etwa die Hälfte der Aktien mit Schulden finanziert. Doch auch 1987 erhielten Aktionäre von Brokern auf ihre Depots Kredite von 50 % des Kurswertes für neue Aktienkäufe. Diese »margin accounts« haben maßgeblich zum Börsendesaster am Schwarzen Montag beigetragen. Insgesamt bietet der Wirrwar von Optionen, Terminkontrakten, Indizes und sonstigen Innovationen heute ausgefeiltere und raffiniertere Möglichkeiten, sich zu ruinieren, als vor sechs Jahrzehnten. Als die Vereinigung der nordamerikanischen Börsenaufsichtsbehörden jetzt in Washington ein Sorgentelefon für Aktionäre einrichtete, war die Anlage sofort um ein Vielfaches überlastet. Eilig wurden weitere Börsenfachleute eingeflogen und neue Leitungen zugeschaltet. »Aus den Anrufen sei ersichtlich«, so ein erster Zwischenbericht, »daß viele Menschen in der Hoffnung auf stetig steigende Kurse in einer Art Höhenrausch aberwitzige Termingeschäfte unternommen haben und damit weit über ihre finanziellen Möglichkeiten hinausgegangen sind.«[9]

Das ist keineswegs nur ein amerikanisches Schicksal. In Deutschland, so wird berichtet, haben viele kleine Bankangestellte auf Kredit spekuliert – wenngleich es die deutschen Banken gegenwärtig noch vermeiden, bei ihren Arbeitnehmern zwangszuexekutieren. Und während hierzulande zumindest die Lebensversicherungen nur für bis zu 20 Prozent des Deckungskapitals Aktien kaufen dürfen und nur etwa sieben Prozent tatsächlich in Aktien angelegt haben, sind die japanischen Lebensversicherungen mit astronomischem Kapitaleinsatz in den überhitztesten aller Aktienmärkte eingestiegen. Sie haben sich dazu auch noch schamlos verschuldet und zur Aufbringung von Spekulationskapital Schuldscheine en gros emittiert.

Ein enorm destabilisierendes Element in der Krise von 1929 war die Tatsache, daß auch Bankhäuser sich mit Aktien eingedeckt hatten und nach den Kursstürzen schlicht zusammenbrachen. Diesmal dagegen gilt diese Gefahr als gebannt. Kollabierende Großbanken wird es nicht mehr ge-

ben. Im Ernstfall schießt der Staat das Geld ein, dieses Geld borgt er sich, oder er druckt es. Die Spareinlagen sind sicher, und das ist bekannt. Deshalb sind Panikabhebungen nicht zu befürchten. Die berühmten Bilder aus dem Jahre 30 mit Tausenden von Sparern, die verzweifelt und beharrlich vor den geschlossenen Schaltern von Pleitebanken Schlange stehen, werden sich nicht wiederholen.
Was hat den Infarkt der Aktienmärkte im Oktober ausgelöst? Waren es Zinssignale, Defizite oder Ministerworte? Woche für Woche schoben sich Zentralbanken und Minister den Schwarzen Peter für den gleichfarbigen Montag im Oktober mit großem Publicity-Aufwand gegenseitig in die Schuhe. Das transatlantische Hickhack nach dem Crash zwischen US-Finanzminister Baker auf der einen Seite und Stoltenberg, Schlesinger & Co auf der anderen Seite ist ein Dokument von Hilflosigkeit und Realitätsverlust. Schuldzuweisungen dieser Art gehen am Problem vorbei. »Irrational« ist nicht die plötzliche Baisse, sondern der vorangegangene Boom. Deshalb ist es belanglos, welches Säuseln des Windes die Kartenhäuser hat einstürzen lassen.
Es geht nicht darum, was die Spekulationsblase schließlich hat platzen lassen, sondern was sie aufgebläht hat.

II
Scheinboom, Crash und Krise – zur Mechanik der großen Depressionen

Jeder spekulative Boom findet irgendwann sein jähes Ende. Dieses Ende mag durch mehr oder weniger sensationelle Ereignisse ausgelöst sein, durch gigantische Pleiten oder mikroskopische Zinssignale. Doch der Anlaß ist belanglos. Daß eine Spekulation schließlich platzt, liegt in ihrem »Entwicklungsgesetz«, in ihrer Natur als Spekulation. Aufschlußreich sind eher die Ursachen ihrer Entstehung.

Von allen Zusammenbrüchen spekulativer Exzesse ist ein weltweiter Börsenkrach nach unserer Erfahrung der folgenreichste. Der Infarkt der Aktienmärkte im Oktober 1929 ging der bislang schlimmsten Wirtschaftskrise der Industrie-Epoche voraus. Ob jener Crash die Krise verursacht hat, ob erst die falschen Reaktionen von Regierungen und Zentralbankchefs auf den Crash eine Krise in diesem traumatischen Ausmaß erzeugt haben, ob der Börsenkollaps nur Seismograph oder ob er Katalysator einer Krisendynamik gewesen ist, die sich aus ihren eignen Gesetzen entrollt, oder ob schließlich Crash und Krise nur zufällig aufeinanderfolgten, daran scheiden sich die professoralen Geister. Doch über Nacht ist der Wunsch, darüber Genaueres zu wissen, kein bloß akademisches Anliegen mehr. Denn Katastrophen wiederholen sich, wenn man Geschichte verdrängt, statt aus ihr zu lernen.

Das Börsenfieber von 1929 und das von 1987 hat nicht nur den gleichen Verlauf. Es hat auch exakt die gleiche Ursache

– Überliquidität. Es gab beide Male ein Zuviel an vagabundierendem Geld auf der Suche nach Anlagechancen. Dieses Auftürmen von spekulationshungrigem Kapital erklärt sich in beiden Epochen aus der gleichen Fehlentwicklung. Die Einkommen der Arbeitnehmer sind hinter den Produktivitätsfortschritt der Wirtschaft zurückgefallen. Die Löhne waren zu niedrig und die Gewinne zu hoch. Diese Einkommensverteilung hat jeweils schon von Anbeginn des Aufschwunges Angebot und Nachfrage aus dem Gleichgewicht geworfen und schließlich einen Infarkt im Wirtschaftskreislauf herbeigeführt. Damit unterscheiden sich diese beiden Boomphasen grundlegend von denen eines normalen Konjunkturzyklus. Deshalb sind wohl auch die nachfolgenden Kriseneinbrüche tiefer und von zäherem Verlauf als die Depressionstäler nach einem »gewöhnlichen« Aufschwung.

Diese Erklärung der Entwicklung hin zu den beiden großen Börsenkatastrophen des Jahrhunderts steht vollständig konträr zu den gegenwärtigen Sichtweisen von Wirtschaftspresse und regierungsamtlichem Sachverstand. Trifft sie zu, so ist die Wirtschaft in den letzten fünf Jahren fundamental und folgenschwer fehlgesteuert worden. Wir geben zunächst eine kurze und stark vereinfachte Darstellung dieser These. In den nachfolgenden Abschnitten wird sodann anhand der Fakten aus den beiden Boomphasen 1924–29 und 1982–87 diese Erklärung von Boom, Crash und Krise empirisch untermauert.

Ein Unternehmer kauft oder baut Maschinen und Gebäude. Die Waren, die er dank dieser Investitionen von seinen Arbeitskräften erzeugen lassen kann, befriedigen Bedürfnisse. Deshalb lassen sich Abnehmer finden, die bereit sind, dafür zu bezahlen. Der Ertrag abzüglich der Kosten für Rohstoffe und Vorprodukte ist die Wertschöpfung des Unternehmens. Ein Teil davon fällt als Lohn an die Mitarbeiter, ein Teil als

Gewinn an den Besitzer der Firma. Dieser Gewinn kann wieder investiert werden und erweitert oder verbessert die Produktion. Ist auch das Mehrprodukt verkaufbar, so mehrt sich der Ertrag und mit ihm erneut der Gewinn. Die Wirtschaft befindet sich auf einem Wachstumspfad. *Die Profite entstehen aus einem produktiven Einsatz des Kapitals und werden so angelegt, daß wiederum das Produktionspotential wächst.* Der Wachstumsprozeß beruht auf zwei Voraussetzungen. Zum ersten müssen die Löhne so stark steigen, daß eben das Mehrprodukt verkaufbar ist. Zum zweiten müssen die Gewinne so stark zunehmen, daß die erforderlichen Investitionen ohne extreme Belastung mit Zinskosten für Kredite finanziert werden können. Mit anderen Worten, Nachfrage- und Angebotsseite der Wirtschaft müssen sich im wechselseitigen Gleichgewicht entwickeln.

Dieser Prozeß kippt ab, wenn die Produktion nicht erweitert werden kann – etwa weil die Arbeitskräfte knapp werden, weil sich für zusätzliche Erzeugnisse keine Käufer mehr finden oder weil sich durch extrem hohe Kreditzinsen das Investieren zu sehr verteuert. Der Unternehmer stoppt seine Investitionen und kauft folglich von anderen Unternehmen keine Maschinen mehr. Deshalb werden dort Arbeitskräfte entlassen. Die arbeitslos Gewordenen schränken ihren Konsum ein. Dieser Prozeß verstärkt sich zirkulär. Je stärker Kaufkraft und Nachfrage sinken, desto mehr Unternehmen nehmen Entlassungen vor und desto stärker sinkt wieder die Kaufkraft. Die Wirtschaft ist in einen Konjunkturabschwung eingetreten. Und sofern nicht ein Geflecht von Preisabsprachen zwischen Konzernen sondern freier Wettbewerb den Markt reguliert, verschärft sich die Konkurrenz zwischen den Unternehmen auf dem Weg in die Depression und läßt ihre Gewinnmargen schrumpfen.

Völlig anders erklärt sich die Glückssträhne der Kapitaleigner in den beiden Boomphasen 1924–29 und 1982–87. *Der*

Gewinnzuwachs verlagert sich zunehmend von festen Anteilen an einer real wachsenden Wertschöpfung zu wachsenden Anteilen an der gegebenen Wertschöpfung. Mit anderen Worten: Weniger wirtschaftliche Leistung infolge von Investitionen in das Produktionspotential, sondern Umverteilung des Volkseinkommens von der Arbeit zum Kapital trägt den steilen Gewinnanstieg jener Jahre.
Dieser Umverteilungsprozeß zwischen den Klassen erzeugt einen zweiten, heftigen Umverteilungsprozeß innerhalb der Klasse der Besitzer von Produktivvermögen. Denn die rasch wachsende Gewinnmasse will profitabel angelegt sein. Eine Woge von Aufkäufen setzt sein – Aufkäufe von Firmen und von Anteilen daran, von Grundstücken, wirtschaftlich verwertbaren Rechten, Kunstwerken und allem sonstigen, was Wertzuwachs verheißt. Doch das reale Sachkapital wächst nur wenig – weit weniger als der Gewinn. Denn weil mit den gedrückten Löhnen die Kaufkraft auf niedrigem Niveau verharrt, gibt es kaum Anreiz zum Investieren. Auch die Oberschicht der westlichen Welt springt nicht in die Nachfrage-Bresche, sie hat weder die Phantasie noch die Persönlichkeit für einen Luxuskonsum orientalischer Dimension, mit dem der gesamte Gewinnzuwachs aus der Einkommensverteilung in einen Boom der Konsumnachfrage umgesetzt werden könnte. Folglich »interessiert« sich mehr und mehr Geld für den real nahezu gleichen Sachkapitalstock, und folglich steigt der Preis der Besitztitel. Die Spekulation gewinnt an Fahrt. Sie nährt sich schließlich selbst, wenn der spekulationsbedingte Vermögenszuwachs als Sicherheit für Kredite verpfändet wird, mit denen weitere Aktien gekauft und damit die Kurse erneut nach oben gedrückt werden.
Spekulation erzeugt Scheingewinn. Diese verstärkt ihren Schein, Gewinn zu sein, durch starke Veränderungen der Wertverhältnisse zwischen den Besitztiteln wie Aktien und Immobilien. Damit haben diese Scheingewinne immerhin

soviel Realität, Vermögen innerhalb der Klasse der Kapitaleigner umzuverteilen – zugunsten derjenigen, die vor dem Crash aussteigen.

Doch warum führt die dürftige Kaufkraft in der Gesamtwirtschaft nicht zu verschärfter Konkurrenz und damit zu einem Schleifen der Gewinne, wie das die Lehrbuch-Ökonomie verheißt? Empirisch ist das eben nicht der Fall. Die Dauerhaftigkeit von hohen Profiten bei schwacher Nachfrage beweist, daß der Marktmechanismus gestört ist, nicht zuletzt, weil Marktmacht den Wettbewerb verdrängt. Gewiß bieten sich zugleich alternative Kapitalanlagen, im Ausland oder in risikoarme Staatsschuldverschreibungen. Sie mildern den Zwang zur Kapitalverwertung in der inländischen Wirtschaft. Was auch immer die Erklärung sein mag – unbestreitbar verharren die Gewinne auf hinreichend hohem Niveau, um Aktien attraktiv zu halten.

Doch der verdrängte Konkurrenzmechanismus kommt durch die Hintertür wieder herein. Gerade die Spekulation schleift die Gewinne – zunächst, indem sie die Preise der Aktien hochtreibt, ohne daß die Dividenden entsprechend wachsen. Folglich sinken die Renditen für das in Aktien anzulegende Kapital in dem Maße, wie deren Preise – die Kurse – steigen. Doch dieser Verfall der realen Renditen wird durch das Andauern des Kursanstiegs mehr als wettgemacht. Er erzeugt die Illusion von rapidem Gewinn- und Vermögenszuwachs.

Diese Illusion platzt mit dem Crash. Die Aktienkurse fallen zurück auf das wirtschaftlich Gerechtfertigte oder – dank der Hysterie – bis weit unter dieses Niveau. Damit sind nicht nur die Spekulationsgewinne zerronnen. Zugleich ist auch der gesamte vorausgegangene Umverteilungsgewinn – von den Lohnabhängigen zum Kapital – vernichtet. Denn man steht mit dem gleichen Realkapital da, mit den gleichen Maschinen, Gebäuden, Erfindungen und Fertigkeiten, die un-

abhängig von aller spekulativen Hausse ein nur flaches Wirtschaftswachstum getragen haben.
Am Ende sind alle ärmer – ärmer, als sie sich ohne diese Umverteilung zwischen den Klassen vorgefunden hätten. Denn real sind Produktivvermögen und Volkseinkommen weniger stark gewachsen, als sie bei einer ausgeglichenen und nicht kapitallastigen Verteilung des Volkseinkommens gewachsen wären, bei einem gleichgewichtigen Wachstum von Gewinn und Kaufkraft – von den Zerstörungen und dem Brachliegen von Produktivvermögen, von Arbeitsplätzen und menschlichen Fähigkeiten und Fertigkeiten infolge der nachfolgenden Wirtschaftskrise ganz zu schweigen.
(In anderer Formulierung: Es ist der Zweck von Kapital, Gewinn zu erzeugen. So ist Kapital – im Unterschied zu bloßen Geld wie Löhne und Renten – definiert. Je mehr Kapital man einsetzt, desto mehr Gewinn entsteht unter Normalbedingungen. Werden infolge Crash und Krise die Gewinnraten empfindlich gekappt, so bedeutet das faktisch oder funktional eine Vernichtung von Kapital. Sinkt die Gewinnrate auf ein Drittel, so ist das Dreifache an Kapital vonnöten, um den gleichen Gewinn zu erhalten. In funktionaler Hinsicht sind folglich zwei Drittel des vorherigen Kapitals vernichtet.)
Geldpapier ist genausoviel wert wie das, was man dafür kaufen kann, unabhängig von der Zahl der darauf gedruckten Nullen. Und Aktien sind genausoviel wert wie das Betriebsvermögen, das mit ihnen finanziert worden ist, unabhängig vom Auf und Ab des Börsenkurses.
Gewiß grassiert unter monetaristischen Ökonomen die Sichtweise, Spekulation nutze weder noch schade sie. Jedem Käufer stünde ein Verkäufer gegenüber, jedem Verlierer ein Gewinner. Das Geld werde eben nur umverteilt und nicht vergeudet. Dieses Argument ist zum ersten falsch und zum zweiten irrelevant. Denn sehr wohl wird eine beträcht-

liche Menge an Kapital für längerhin im spekulativen Kreislauf gehalten. Zugleich absorbiert das Spekulationsfieber eine der kostbarsten Ressourcen der Nation – die Aufmerksamkeit und Arbeitszeit von Topmanagern, deren volkswirtschaftliche Verantwortung die Steuerung der realen Wirtschaft sein sollte. Vor allem jedoch treibt dieses Spekulationskapital die Börsen bis zum Crash – mit all seinen destruktiven Folgen für das ansonsten so inständig beschworene Vertrauen, für Investitionen und Wirtschaftswachstum. Das gilt völlig unabhängig davon, wie lange das Kapital jeweils der Spekulation zur Verfügung steht oder wie rasch es in die »Realökonomie« zurückfließt.

Nicht jeder Crash zieht eine Weltwirtschaftskatastrophe nach sich. Nobelpreisträger Paul Samuelson spottete, von den fünf Depressionen der Nachkriegszeit in Amerika seien neun durch die Börse angezeigt worden. Doch die Alarmlichter sollten flackern, wenn eine starke und langandauernde Börsenhausse mit bescheidenen Realinvestitionen und einem flachen Wirtschaftswachstum zusammenfällt. Dann ist der nachfolgende Kurskollaps keinesfalls ein bloßes Oberflächenphänomen, keine folgenlose börseninterne Angelegenheit, deren ganze Gefährlichkeit in der von ihr ausgelösten Hysterie und Krisenangst liegt und damit im Psychologischen. Spekulationsfieber, Crash und Krise sind das Resultat einer Fehlsteuerung der Wirtschaft. Das ist das Paradox: Die Rezession entsteht nicht durch eine zu niedrige Profitrate, sondern durch eine zu hohe, nicht durch zu hohe Löhne, sondern durch zu niedrige. Dieses Mißverhältnis führt zur Hatz nach Gewinn, dem keine produktive wirtschaftliche Aktivität zugrunde liegt. Es ist der Übergang zu solchem Rentiers-Kapitalismus, welcher der nachfolgenden Krise besondere Hartnäckigkeit verleihen kann.

Denn Voraussetzung eines störungsfreien, gleichgewichtigen Wirtschaftswachstums ist die produktive Nutzung des entstehenden Gewinns. Beginnt eine Depression bei und infolge einer dysfunktionalen, stark kapitallastigen Verteilung des Volkseinkommens, so ist zur Überwindung dieser Wachstumsstörung diese Verteilungsdiskrepanz zu korrigieren – bis schließlich die Kaufkraft der Bevölkerung Investitionen eines Ausmaßes erfordert, die den entstehenden Gewinn absorbieren. [Wir gehen hier der Einfachheit halber von einer einzigen Volkswirtschaft aus.] Unter den Bedingungen einer schweren Depression mit Rentabilitätsproblemen zahlreicher Unternehmen erscheinen Reallohnzuwächse jedoch als konterproduktiv und sind nur mühsam durchsetzbar. Dieser Sachverhalt erklärt die Langwierigkeit von Krisen des Typs, wie er nach 1929 durchlebt wurde.

III
Die amerikanische Tragödie

Ihren Anfang genommen hatte die Spekulationsorgie in den USA, genau dort, wo jetzt auch die Posaunen des jüngsten Börsengerichts das Ende der Party verkündeten. Diese perfekt arrangierte Party wurde zum vollendeten Paradigma, wie das Einschießen astronomischer Gelder in eine boomende Börse Investitionen in die produktive Substanz nicht finanziert – wie das die Wirtschaftstheorie glaubt –, sondern ersetzt. Just zwei Tage vor dem Beginn der amerikanischen Börsendämmerung erschien das deutsche »Handelsblatt« mit einer Sonderbeilage »Investieren in USA. Daten. Informationen. Analysen«. Der erstaunlich klarsichtige Report durchleuchtet die Basisfakten der amerikanischen Wirtschaft. Er beginnt wie folgt:[1]

»Das ›Land der unbegrenzten Möglichkeiten‹ ist immer noch die gängigste Münze, die über die Vereinigten Staaten herumgereicht wird. Das Bild von Macht und Reichtum stimmt jedoch nicht mehr, auch wenn es nach offizieller Lesart Amerika noch nie so gutging. Die Münze hat eine Kehrseite, die heißt ›Land der unbegrenzten Risiken‹, und sie ist so frisch wie die andere Seite abgegriffen ist.

Fehler haben Investoren in den USA immer gemacht und teure Lektionen gelernt oder sich kleinlaut zurückgezogen. Darum geht es hier nicht, sondern um die Frage, ob die Vereinigten Staaten auf dem Wege in eine Depression à la 1929 sind und ob damit die ausländischen Anleger zu Passagieren auf der Titanic werden könnten.«

Lange Zeit lag der »Dow« – der Kursindex der 37 wichtigsten amerikanischen Aktien – kaum höher als Mitte der sechziger Jahre. Doch im August 82 begann der Take off. Raketengleich schossen die Kurse nach oben. Verantwortlich dafür war keineswegs nur jenes unbestimmte Aufbruchsfieber einer neokonservativen Morgendämmerung, das die Reagan-Mannschaft mit professionellem Pathos zu inszenieren verstand. Handfeste Fakten standen hinter dieser amerikanischen Renaissance. Es lohnt sich, das Super-Monopoly der Börsenhausse in Übersee etwas genauer zu durchleuchten, um einen Eindruck von der Krankhaftigkeit und dem parasitären Charakter dieses Booms zu bekommen.

Die erste Voraussetzung des Börsenwunders war natürlich Geld. Das deutsche »Handelsblatt« entdeckte hier »... eine merkwürdige Situation. Die Konjunktur rollte, weil die Verbraucher tief in die Tasche griffen und die Notenbank die Geldschleusen öffnete, die Investitionslust der Unternehmen ging gleichzeitig zurück. Unverbrauchter Cashflow, lockere Geldpolitik ... und einströmendes Auslandkapital sorgten dafür, daß trotz des riesigen Schuldenbedarfs der US-Regierung ein breiter Strom freien Kapitals durch die Wallstreet schwappte. Die Milliarden für die Aktienhausse waren ebenso vorhanden wie die Mittel für den Großhandel mit ganzen Unternehmen«.[2]

Dieser »Großhandel mit ganzen Unternehmen« wieder hatte die »Entrümpelung« der Anti-Trust-Vorschriften zur Voraussetzung. Sie vollzog sich unter dem Modewort der »Deregulierung«. Alle modernen Marktwirtschaften verfügen über Kartell-Ämter und -Gerichte. Sie sollen verhindern, daß Preis- und sonstige Absprachen zwischen Mammutfirmen den freien Wettbewerb verdrängen und

Innovationen abblocken, die zwar dem Kunden Freude machen, nicht aber den alteingesessenen Branchenführern. Deshalb wachen sie darüber, daß nicht durch Zusammenschlüsse oder Aufkäufe marktbeherrschende Konzerne entstehen. Die USA hatten die älteste und wohl auch beste Anti-Trust-Aufsicht. Reagans Leute halten es für eine ihrer Pionierleistungen, auf diesem Gebiet reinen Tisch gemacht und das Feld des Unerlaubten empfindlich verkleinert zu haben. Just mit der Begründung, den freien Markt wieder in sein Recht zu setzen, wurden Regeln gekippt, die diesen freien Markt und die offene Konkurrenz aller Anbieter vor der Verdrängung oder Pervertierung durch schiere Konzernmacht schützen.
Über Nacht fast begann das große Firmenfressen. Plötzlich war »Big is beautiful« die Losung der Stunde. Offen oder verstohlen wurden Aktienpakete en gros zusammengerafft und Einverleibungsstrategien gebastelt. »Es ist klar, daß viele der Firmenübernahmen, die wir heute sehen, vor 10 Jahren einfach nicht erlaubt worden wären. Die Schwelle, welches Ausmaß an Konzentration einer Industrie noch akzeptiert wird, liegt heute eindeutig höher«, zitierte die Business-Presse den Fusionsfachmann einer New Yorker Spezialkanzlei.[3]

Money for nothing – Fusionsprofit aus der Staatskasse

Zugleich wurde die amerikanische Konzernwelt mit Steuervergünstigungen geradezu überschüttet. Nach offizieller Lesart sollten damit Investitionen angeregt werden – eine Idee, für die ja auch in Deutschland kraftvoll und inständig geworben wird. Allein die beschleunigten Abschreibungen hatten die Steuern der Wirtschaft 1982 auf die Hälfte der gesetzlichen Rate gedrückt. Steuerbefreiungen für Investitionen brachten die Abgabelast um ein weiteres Fünftel herunter. Noch im Durchschnitt der Jahre 1981–85 wurde damit die Steuerlast der Wirtschaft schlicht halbiert.[4] Diese Großzügigkeit verteilt sich zugleich höchst bizarr. Zufolge Senator George Mitchell wurden von den 50 größten Firmen über einen Zeitraum von vier Jahren zwar 50 Milliarden Dollar Gewinn verbucht, aber keinerlei Einkommenssteuer gezahlt.[5] Und nach einem Report der Forschungsgruppe »Citizens for Tax Justice« haben 36 dieser Großverdiener ihre Bilanzen so geschickt jongliert, daß sie nicht nur keinen Cent Steuern zahlten, sondern vom Fiskus noch Millionen erstattet bekamen, ITT zum Beispiel kassierte 178 Millionen Dollar, Pepsi Cola 136 Millionen Dollar und Dow Chemical 180 Millionen Dollar.

Dieses Programm, mit Steuergeschenken die Wirtschaft zum Investieren zu verlocken, war ebenso kostspielig wie erfolglos. Mit ca. 120 Milliarden Dollar pro Jahr erklären derartige Steuergeschenke mehr als die Hälfte des amerikanischen Budget-Defizits. Und weil dieses Defizit die Zinsen treibt, hohe Zinsen aber die Investitionen bremsen, ist das Gesamtresultat negativ. Selbst auf der Ebene der Einzelfirmen fällt die empirische Bewertung dieses Programms vernichtend aus. Bei den 259 größten und profitabelsten Konzernen (ohne Banken) der Jahre 1981–84 zeigt sich absolut kein Zusammenhang zwischen Steuervergünstigungen und Investitionen. Diejenigen 44 Konzerne, die 1981–84 nicht nur ihre Profite von 54 Milliarden vollständig am Finanzamt vorbeisteuerten, sondern dazu noch 2,1 Mrd. Dollar an Rabatten vom Staat kassierten, haben ihre Investitionen 1981 bis 1984 noch um vier Prozent gekürzt und sechs Prozent der Arbeitsplätze gekappt. Die 43 am höchsten besteuerten Konzerne dagegen – sie haben von ihren 49 Milliarden Dollar Profit 18,2 Milliarden Dollar an den Staat abgeführt – steigerten ihre Investitionen um 21 Prozent und die Beschäf-

tigung um vier Prozent. Dafür gab es bei den 44 steuerbefreiten Konzernen einen Zuwachs bei den Dividenden von 22 Prozent und bei den Chefgehältern um spektakuläre 54 Prozent.[6]
Hat dieser Geldsegen zwar nach einhelliger Expertenmeinung die produktiven Investitionen nicht verstärkt – allenfalls wurden neue Büromöbel oder Firmenwagen angeschafft –, so hat er doch den Fusionsboom angeheizt und damit die Börsenhausse hochgetrieben. Denn viele Firmen vermochten den ihnen zugeteilten Segen an Steuervergünstigungen bei weitem nicht auszuschöpfen. Machte ein Konzern zum Beispiel 20 Millionen Dollar Gewinn, konnte aber 80 Millionen von der Steuer absetzen, so blieben 60 Millionen ungenutzt. Wenn eine andere Firma sich diesen Konzern einverleibt, kann sie dann diese 60 Millionen von ihrer Steuerlast abziehen. Steuertricks wurden damit zu einem Hauptmotiv im Firmenfressen.

Das Fieber steigt

Alsbald breitete sich die Fusionswelle in den USA mit der Geschwindigkeit einer mittelalterlichen Pestilenz aus und jagte die Aktienkurse stets weiter nach oben. Auch private Anlieger und selbst kleine Sparer wurden infiziert. In der Hoffnung auf schnelles Geld wurden die kleinen Kapitalien zu Markte getragen und mit freudig erstaunten Augen die papiernen Vermögenszuwächse für bare Münze genommen. Jeden Monat veröffentlichten Wallstreet-Agenturen Listen von Firmen, die nach irgendwelchen Finanz- oder Bilanz-Kennziffern denkbare Ziele und Kandidaten für Einverleibungsversuche sein könnten. Sofort schossen deren Börsenkurse nach oben – selbst dann, wenn gar kein Interessent auftauchte. Die Aktien anderer Firmen der jeweiligen Branche wurden mitgezogen. »In Wallstreet waren nicht

mehr seriöse Investmentbanker mit der langen Perspektive à la Felix Rohatyn oder Henry Kaufmann, sondern blutjunge ›Mergers and Aquisitions‹-Spezialisten gefragt, die 20 Stunden sieben Tage pro Woche arbeiten können und nicht nach den volkswirtschaftlichen Auswirkungen ihres Tuns fragen. Soziale Erwägungen spielen beim Verkauf eines Unternehmens mit 100000 Arbeitskräften keine Rolle. Die langfristige Konkurrenzfähigkeit der von den jeweiligen Firmen angebotenen Produkte ebenfalls nicht« – so das »Handelsblatt« in einem Report über das amerikanische Börsenpoker.[7] »Multimilliarden-Konzerne wurden gekauft und verkauft wie Gebrauchtwagen«, schrieb die »New York Times« und charakterisierte die »Eighties« als »A New Gatsby Age« mit der Romantik von Reichtum und Jugend, mit dem Materialismus und den euphorischen Exzessen, wie sie für alle Epochen der Spekulation typisch sind.[8]
Es begann zugleich der Boom der Insider-Kriminalität. Denn wer im voraus die Information zugespielt bekam, welcher Konzern welches anderen Konzerns Aktienmehrheit zu schlucken plant, kann eine Menge Geld scheffeln – vorausgesetzt, er besitzt schon eine hinreichende Menge Geld, zum ersten, um die bald heißbegehrten Aktien paketweise zusammenzuraffen, und zum zweiten, um die illegalen Informanten angemessen zu honorieren. In aufgeflogenen Einzelfällen wie in dem des »Börsengenies« Boesky erreichte der unlautere Gewinn immerhin Größenordnungen von einigen hundert Millionen Dollar. Mit Schultaschen voll Bargeld hatte er Angestellten von Broker-Firmen und Investmentbanken die ihnen von kaufentschlossenen Konzernen anvertrauten Geschäftsgeheimnisse über geplante Firmenübernahmen entlockt und vergoldet. Mit dem Slogan »Habgier ist allright« deklarierte der bewunderte Boesky auf gutbesuchten Vorträgen seine eigene Miserabilität zur neuen Sozialnorm. Ivan Boesky hatte eine Strafgebühr von

hundert Millionen zu berappen und wurde im Dezember 87 zu drei Jahren Haft verurteilt. (Der eigentliche Skandal freilich kam erst, nachdem Boesky dingfest gemacht wurde. Die Behörden hatten ihm zur Empörung der Wallstreet erlaubt, die gehorteten Übernahme-Werte für fast eine halbe Milliarde Dollar noch zum Hochkurs abzustoßen, bevor seine Überführung öffentlich wurde, womit die fraglichen Übernahmen platzten und die Kurse dieser Papiere zum Schaden der anderen Aktionäre in den Keller rasselten.[9]

8880 Firmen sind 1984–86 in den USA Opfer von Fusionen geworden, davon 933 börsennotierte Aktiengesellschaften (zum Vergleich: in der gesamten deutschen Industrie gibt es 837 AGs). Allein 1986 wurden 173 Milliarden Dollar für den Aufkauf von Firmen lockergemacht – neunmal soviel wie noch 1976. Als zum Beispiel im März 87 der australische Medien-Zar Robert Murdoch den angesehenen Verlag Harper & Row an sich riß, zahlte er fast das Dreifache der Summe, für die der Verlag just einen Monat zuvor verkauft worden war. Da läßt sich mit ein paar heißen Tips im voraus schon trefflich verdienen. »Der Crash kristallisiert das Unbehagen der Menschen mit der ungezügelt ausgelebten Selbstsucht«, zitierte die »New York Times« den Historiker Arthur M. Schlesinger.[10]

Immer bizarrere Spielarten des Börsen-Monopoly wurden geboren. Berüchtigt ist zum Beispiel das »Greenmailing« – der Ausdruck ist eine Abwandlung von »Blackmailing«, denn das Verfahren beruht auf schierer, wenn auch legaler Erpressung. (Grün ist bekanntlich die Farbe der Dollarnote, die ja als »greenback« bezeichnet wird.) Der Vorgang ist folgender: Betuchte Spekulanten kaufen sich mit größeren Minderheiten-Anteilen in Aktiengesellschaften ein und erklären, die Firma unter ihre Kontrolle bringen und das Management feuern zu wollen. Die bedrohten Manager reagieren mit einem eiligen Rückkauf dieser Aktien von dem neuen Anteilseigner, dem sogenannten »Greenmailer« – zu Preisen, die bis zu 30 Prozent über dem Börsenkurs liegen. 1,3 Milliarden Dollar hat unlängst der Ölgigant Texaco hingeblättert, um einen derartigen unerwünschten Aktionär wieder loszuwerden – Reingewinn für den Greenmailer aus diesem Poker: Mindestens 150 Millionen Dollar. Durch den Abwehrkampf wird die Firma oft so arg gezaust, daß der Börsenkurs hernach empfindlich absackt. Auch CBS, Amerikas bekannteste Rundfunk- und Fernsehgesellschaft, hat die Abwehr eines Greenmailers eine volle Milliarde gekostet. Dabei wurde die Kapitalbasis des Konzerns empfindlich geschwächt. Für den Greenmailer dagegen ist das Ganze ein Spiel mit hohen Gewinnchancen und fast ohne Risiko.

Früher wurden solche volkswirtschaftlich unsinnigen Übernahme-Erpressungen von den Banken gemieden. Inzwischen beteiligen sie sich mit ganzem Herzen an diesem profitablen Nonsens. Citicorp zum Beispiel hat die Attacke des berüchtigten Raiders Boone Picken auf Gulf Oil mitfinanziert. Ein prominenter Greenmailer aus Chicago: »Als ich 1976 angefangen habe (Companies aufzukaufen), war niemand wirklich scharf darauf, so was zu finanzieren. Heute könnten wir vor die Tür treten und wahrscheinlich eine Milliarde Dollar in zwei Tagen bekommen.«[11]

Durch Kurspflege zum Selbstruin

Konzernvorstände versuchten, sich von vornherein vor dem Geschlucktwerden zu sichern, indem sie ihre Firmen die eignen Aktien aufkaufen ließen und damit den Börsenkurs hochtrieben. Fünfeinhalb Milliarden Mark hat zum Beispiel der deutsche Hoechst Konzern im Herbst 86 für den amerikanischen Kunststoffkonzern Celanese hingelegt. Es war die größte Elefantenhochzeit der deutschen Industriegeschichte. Die von Hoechst gebotene Kaufsumme übertraf immerhin den Bilanzwert aller Maschinen, Gebäude und Grundstücke, die der Konzern in Deutschland besitzt, um mehr als eine Milliarde Mark. Wer die Verwaltungskathedrale dieses Chemie-Monsters in Manhattan erblickt, begreift, daß hier ein wahrer Gigant gefressen wurde. Hoechst zahlte dabei 245 Dollar für Aktien, die knapp zwei Jahre zuvor noch für 70 Dollar zu haben waren. Insider erklärten den rasanten Kursanstieg des Kunststoffriesen für schlicht manipuliert. Das Management von Celanese hatte 30 Prozent der eignen Aktien aufgekauft und damit den Börsenkurs hochgetrieben. Auch der Gewinn des letzten Jahres konnte nur durch den Verkauf von Konzernvermögen in respektable Höhe gehievt werden. Damit wurde ein Gewinneinbruch von mehr als der Hälfte überschminkt. Der Umsatz schrumpft. 40 Prozent der Arbeitsplätze wurden seit 1980 gestrichen. Die Ausgaben für Forschung und Entwicklung sind höchst dürftig. Der Chemie-Experte der Brokerfirma Jones & Ryan geißelte das als eine »Strategie zur Sofortbefriedigung der Wallstreet« und charakterisierte Celanese als ein »strategisch bankrottes Unternehmen«. So scheint Hoechst mit dem Mammutkauf noch einen weiteren Rekord angepeilt zu haben – nämlich den Erwerb einer gigantischen Verlustzuweisungsgesellschaft.

Zufolge einer Umfrage fürchten 49 Prozent der 480 größten US-Konzerne feindliche Übernahme-Attacken und haben Notpläne zur Abwehr bereitliegen. Dieses Börsenroulette erzeugt volkswirtschaftliche Absurditäten en gros. Viele Konzernchefs haben die Bilanzen mit Schulden überladen und alle stillen Reserven aufgelöst, um die Firma unattraktiv zu machen. Inzwischen gibt es Spezial-Agenturen, die den bedrohten und verängstigten Konzernvorständen beizubringen versuchen, wie man den Preis seiner Firma durch

geschickte Rückkäufe der eignen Aktien derart nach oben manipuliert, daß auch der wildest entschlossene Übernahme-Pirat abgeschreckt wird. Der Wert solcher Aktien-Rückkäufe lag zum Beispiel bei den an der Wallstreet gehandelten Firmen 1984 vierzehnmal höher als noch 1976. Das treibt nicht nur die Börsenkurse, sondern verschafft in Amerika auch enorme Steuervorteile. Diese allein mit Aktienrückkauf für die Aktionäre hereingeholten Steuerersparnisse wurden für 1985 auf 23,3 Milliarden Dollar geschätzt. Zugleich sind jedoch auch Fusionen mit Steuervorteilen gesegnet. Und diese Vorteile wurden für 1985 auf den respektablen Betrag von 80,8 Milliarden Dollar geschätzt. Damit übersteigt der mit Steuertricks zusammengescheffelte Vermögenszuwachs 1985 erstmals die Gesamtsumme der offiziellen Dividenden.[12] Um dem Leser ein Gefühl für die reale Bedeutung dieser Beträge zu vermitteln: Dieser in einem einzigen Jahr den Aktionären dank Steuertricks zugekommene Vermögenszuwachs von 104 Milliarden erreicht die Hälfte der aufgelaufenen Auslandsschuld Afrikas. Dort haben mehr als eine halbe Milliarde Menschen infolge der Schuldenlast kaum eine Perspektive und oft nicht einmal eine Überlebenschance.
Seriöse Wirtschaftsfachleute blicken mit unverhohlenem Mißfallen auf diese Rückkaufsmanie. »Sie sind im Prinzip eine Verschwendung von Kapital, das bei der Rückzahlung von Schulden oder bei eignen Investitionen besser aufgehoben wäre«, so Solomon Samson von der führenden Bonitätsbewertungs-Agentur Standard & Poor. Doch hinter diesem Wahnsinn steckt durchaus Methode. Sie fußt auf Abstrusitäten nicht nur des Steuersystems, sondern auch der Firmenbewertung durch die Börse: »Wenn ich zehn Prozent der Aktien zurückkaufe und damit den Gewinn-Anteil um zehn Prozent erhöhe, kostet das zur Zeit 6,7 Mio. Dollar. Um den gleichen Effekt durch Investitionen zu erzielen, müßte ich

zehn bis fünfzehn Millionen Dollar ausgeben«, so der Chef der General DataComm Industries.[13]
Allein 1984–85 wurden mehr Aktien vom eignen Management aufgekauft und damit aus dem Verkehr gezogen, als in den drei Jahrzehnten seit dem Koreakrieg insgesamt emmitiert worden sind. 1986 verkündeten 550 Firmen Aktienrückkäufe für exorbitante 48 Milliarden Dollar. Noch immer steigt diese Rückkaufwelle. IBM kündigte unlängst Aktienrückkäufe für eine Milliarde Dollar an, Ford für zwei Milliarden Dollar.
All dieses Durcheinander von Rück- und Aufkäufen, Übernahmedrohungen, Kurskosmetik und Steuersparstrategien schaukelte sich wechselseitig auf und jagte die Aktienkurse weiter nach oben. Die Börsen in Übersee wurden mitgerissen, in Europa ebenso wie im Fernen Osten, ohne daß die wirklichen Antriebskräfte hinter diesem fragwürdigen Boom von den Aktienkäufern durchschaut wurden. Mit der amerikanischen Steuerreform freilich ist jetzt ein Großteil der Vorteile aus Fusionen beseitigt. Schon deshalb wäre eine Beruhigung am Aktienmarkt zu erwarten gewesen.
Bezahlt wurde das amerikanische Börsenspektakel mit Schulden. Das hat auch steuerliche Gründe – Schuldzinsen darf man dort voll von der Steuer absetzen. Zugleich aber hatten Konzernvorstände und sonstige Übernahmestrategen einfach nicht genug Kapital, um ihre Freßgelüste zu finanzieren. Mega-Fusionen erfordern Mega-Kredite. (Als eine »Kohlberg, Kravis, Robert & Co« zum Beispiel den Lebensmittel-Riesen Beatrice für 6,2 Milliarden Dollar an sich riß, waren 93 Prozent dieses Geldes geborgt, und rasch wuchs der Schuldenberg auf 7,2 Milliarden. Dennoch brachte solche Finanzakrobatik am Ende fetten Gewinn.)
Doch auch die gigantische Rückkaufwelle eigner Aktien zur Abwehr oder Prophylaxe von Übernahmeattacken wurde zumeist mit fremdem Geld finanziert. Im Grunde wird Ei-

genkapital gegen geborgtes Geld vertauscht – nach betriebswirtschaftlichen Gesichtspunkten ein haarsträubender Vorgang. 1984 wuchs die Verschuldung der Unternehmen um 169 Milliarden Dollar (und um weitere 145 Milliarden 1985), und zugleich schrumpfte das Eigenkapital um 78 Milliarden.

Zusammengebracht wurde dieses Geld zum großen Teil durch sogenannte »junk bonds« – Schundpapiere. Das sind hochriskante und deshalb hochverzinste Schuldverschreibungen, die öffentlich angeboten werden, von Konzernen, Investmenthäusern oder auch »shell«-Companies, die zu keinem anderen Zweck gegründet sind als dem, eine bestimmte Firma aufzukaufen. Meist handelt es sich dabei um Konzern-Holdings, doch dank der Junk Bonds können auch kleine Geisterfirmen mit sehr wenig Eigenkapital respektable Konzerne schlucken.

Innerhalb weniger Jahre ist der Junk-Bond-Markt von 30 auf 150 Milliarden Dollar angeschwollen. Die Schuldzinsen für diese Papiere werden angeblich durch ein produktiveres Management der damit aufgekauften Firmen aufgebracht, in Wirklichkeit jedoch eher aus der Substanz bezahlt und aus der erhofften weiteren Steigerung des Börsenkurses des Übernahmeopfers. Exorbitante Geldansammlungen innerhalb von Industrieunternehmen, wie sie bei Deutschlands Konzernelite in jüngster Zeit gang und gäbe sind, wären in Amerika unmöglich. Denn sofort würde ein Übernahme-Pirat auftauchen, diese Firma mit Hilfe von Krediten und Junk Bonds an sich reißen und die Gläubiger aus der angesammelten Milliarden-Barschaft des Konzerns auszahlen. (Hochtief zum Beispiel, Deutschlands größter Baukonzern, hat derzeit einen Börsenwert von 842 Millionen Mark. Doch allein die Kriegskasse [d. i. die Summe an Barem, Bankguthaben und den sofort veräußerlichen Wertpapieren] des Konzerns enthält über zwei Milliarden. Siemens schließlich

war Mitte Dezember an der Börse für 9,2 Milliarden zu haben, verfügt aber über eine Barschaft von 23 Milliarden Mark.[14])
Vor zwei Jahren hatten die 200 größten US-Konzerne versucht, den Congreß zu gesetzlichen Schritten gegen das Auswuchern dieser »Merger Mania« – des Fusionswahnsinns – zu bewegen. Sie wurden unterstützt von der FED, der amerikanischen Zentralbank, blitzten aber im Weißen Haus ab. Begründung: Das wäre ein unzulässiger Eingriff in den freien Markt. Ausgiebige Untersuchungen hätten bewiesen, daß diese Fusionen für die Volkswirtschaft von Nutzen sind, vor allem, weil sie das Vermögen der Aktionäre von Übernahme-Kandidaten substantiell vergrößerten. »Wir werden diese Periode am Ende bewerten als eine, in der wir sehr wichtige Fehler gemacht haben«, so Martin Lipton, Fusions-Anwalt und einer der Top-Berater von Amerikas Big Business. »Wir haben unser Finanzsystem von der Wirklichkeit abgetrennt.«[15] Insgesamt hat sich die Verschuldung von Amerikas Firmen 1976–86 verdreifacht – von 586 Milliarden auf 1,7 Billionen Dollar.

»Wir stehen alle auf Treibsand«

Die Börsenkurse wurden dank dieser schulden- und steuerfinanzierten Spekulationsorgie schließlich in wirtschaftlich gänzlich unsinnige Höhen katapultiert. Am 28. September – nur zweieinhalb Wochen vor dem Crash – erschien »Fortune«, Amerikas Brevier fürs Big Business, mit der Titel-Story »Are stocks too high?« (»Sind die Aktienkurse zu hoch?«) Gewiß kamen einige besorgte Stimmen zu Wort. Mark Solow, Direktor bei Manufactures Hanover Trust, warnte, die Wende zum Schlechten sei nur eine Frage der Zeit: »Bei der heutigen Euphorie, wo jederman glaubt, diese Deals könnten nicht schiefgehen, ist das, als wenn man einem Baby sein Stück Zucker wegnimmt.« Alan Greene, Präsident einer Wallstreet-Firma, urteilte bündig: »Die Bilanzen sind von oben nach unten gekehrt. Es ist erschreckend...Wir stehen alle auf Treibsand.« Und die bewährten Bewertungsmodelle für Aktien diktierten allesamt längst ein klares »Verkaufen!«. Doch Broker und Beratungsfirmen beschworen ihre Kunden, sich nicht von solchen überholten Maßstäben verwirren zu lassen. Die neuen Bewertungen des Marktes seien als »facts of life« zu akzeptieren. Kurzum: Der Schein wurde zur neuen Realität erklärt.

Man beruhigte sich mit dem Verweis auf die noch verrücktere japanische Börse, wo manche Firmen zum 77fachen ihres Ertrages gehandelt wurden. Die Bewertung der amerikanischen Aktien käme nirgendswo in die Nähe der unsinnigen japanischen Ziffern. Nach dem Oktober-Massaker wußte es »Fortune« natürlich besser: »Vor allem die Gesetze der finanziellen Physik erklären den Crash: Der Markt hatte Höhen erreicht, wo die Atmosphäre zu dünn war, ihn zu stützen.«[16]

Jetzt wird der Sauerstoff in der Tat in den Chefetagen vieler Konzerne knapp. Sie haben Junk Bonds zu Zinssätzen von 14 bis 18 Prozent am Hals, und das oft im Milliardenumfang. (Sichere Anleihen wie General Motors und IBM werden dagegen mit 9 bis 10 Prozent verzinst.) Bezahlbar sind diese Zinsen meist nur bei schönem Konjunkturwetter. Kommt die Rezession zu früh, droht die Pleite, oder wie das »Handelsblatt« das vornehm formuliert: »Firmen mit hochverzinslichen Anleihen sähen sich dagegen bei einem Wirtschaftsabschwung einem harten Test ihrer Zahlungsfähigkeit gegenüber.«[17]

Für nicht wenige Unternehmen bedeutet freilich wohl schon der Crash das Aus. Sie haben Firmenvermögen bis zur letzten Dachsparre gegen Junk Bonds verpfändet. Von Anfang an stand fest, daß die Schulden nur bedient werden können, wenn die Börse weiter steigt und die mit diesen Bonds zu bereits extremen Preisen gekauften Konzerne stückweise mit Gewinn weiterverkauft werden können. Diese windigen Konstrukte sind mit dem Oktobersturz zusammengebrochen. Zeigen wird sich das freilich erst in der nächsten Bilanzrunde und bei Geschick und krimineller Phantasie erst einige Jahre später.

Industrielle Sklerose – die Spätfolgen der Management-Revolution

Hinter all diesem kostspieligen Börsen-Nonsens steht die amerikanische Variante der englischen Krankheit. »Historiker werden den Crash von 87 als Signal bewerten für das Verschwinden der Produktivität in den letzten Jahren in Amerika«, zitierte Associated Press die prominente Historikerin Barbara Tuchmann. Die USA haben ihre industrielle Vitalität eingebüßt. Kaum noch jemand in den Chefetagen der Mammutfirmen interessiert sich für die Produktion. 1950 war jeder siebte Vorstandssessel in der amerikanischen Konzernwelt von Rechts-, Finanz- und Steuerexperten besetzt. Inzwischen okkupieren sie zwei Drittel der Vorstandsposten – den gleichen Anteil etwa, den in Japan Techniker und Wissenschaftler stellen. Nach den oben gegebenen Fakten ist es freilich auch evident, daß ein findiger Steuerfachmann in den USA mehr an Gewinn einbringen kann als einige hundert Ingenieure.
Diese Entwicklung fand ihre ideologische Fassade in der gefeierten »Management-Revolution«. Sie wurde in den 60er Jahren an den amerikanischen Business Hochschulen ausgebrütet und setzt ihren Siegeszug inzwischen auch in Europa fort. Zufolge dieses »Erkenntnisdurchbruchs« der Management-Wissenschaften gilt es schlicht als rückständig, wenn

ein Konzernvorstand sich noch mit der Produktion befaßt. Schon seit den Fünfzigern, so »Business Week« jüngst in einem Special Report: Can America Compete?, »hat die Gütererzeugung aufgehört, ein Faktor der strategischen Planung zu sein. Die Fabriken wurden Verwaltungsmanagern ausgehändigt. Es waren Sackgassenkarrieren. Deren Aufgabe war einfach: Nichts Riskantes tun. Nur das Fließband in Gang halten. Mehr und mehr Fabrikjobs wurden zu langweiligem, repetitivem Befehlsvollzug, und der Pool der ausgebildeten Maschinisten verschwand. Das Ergebnis: Als in den späten 60ern Japan als ernsthafter Herausforderer auftauchte, saß Amerika da mit einer entfremdeten Arbeiterschaft und mit moribunden Fabrikmanagern.«[18]

Konzerne – so die neue Heilslehre – sind »internalisierte Kapitalmärkte«. Und folglich ist es das Amt des Vorstands, sich darauf zu konzentrieren, wieviel Kapital von welcher konzerneignen Firma zu welcher anderen konzerneignen Firma verschoben werden soll, von welchem Land in welches andere, was an Firmen zugekauft und was abgestoßen wird. Alles andere – außerhalb solcher »strategischen« Entscheidungen – ist auf untere Befehlsebenen abzuschieben.

Eine der Mißgeburten dieses Modetrends waren die »Konglomerate« – Konzerne, die aus Firmen der verschiedensten Branchen zusammengewürfelt wurden. Die Bosse kauften alles, was ihnen vor die Finger kam. So legte sich der Elektroriese ITT Hotelketten zu, Parkhäuser und Lebensversicherungen, Bäckereien, Baufirmen und Verlage, der VW-Konzern eine gigantische Rinderfarm usw. Damit sollten zugleich Risiken verteilt und gemildert werden, falls eine Branche mal ins Abseits geriet. Eine Flut von Fachbüchern pries und berechnete die finanziellen Vorteile dieser Mischkonzerne.

Doch leider verstand man nun in den Chefetagen überhaupt

nichts mehr von den Besonderheiten und Sachzwängen der eignen Firma. Die Folge war ein riesiges Desaster. So wird das große Firmenfressen der letzten fünf Jahre in Amerika zum guten Teil mit dem Aufkauf und dem nachfolgenden Aufsplitten dieser Konglomerate erklärt. Plötzlich ist die Summe der Teile wieder mehr wert als das Ganze. Wegen ihrer dürftigen Gewinnraten, so jetzt die gängige Lehre, sei der Börsenwert dieser Mischkonzerne niedrig. Wer Teile verkauft und den Rest gut manage, könne damit Produktivitätsreserven ins Spiel bringen und den Profit hochreißen. Das ist im übrigen die offizielle volkswirtschaftliche Rechtfertigung des amerikanischen Börsenbooms.

Doch das Ganze ist Selbsttäuschung. Die Dinosaurier-Konzerne der Konglomerate-Epoche werden zu Opfern der gleichen Fehlentwicklung, die sie hervorgebracht hat. Die neuen Herren verstehen zumeist genausowenig von dem übernommenen Firmen-Sammelsurium wie die alten, und statt mit der versprochenen Erweckung schlummernder Produktivitätsreserven bezahlte man mit Gewinnen aus der spekulativen Hausse oder hatte das zumindest vor.

Das Prinzip ist das gleiche geblieben: Mehr denn je wird umgeschichtet und hin und her geschoben statt Neues geschaffen. Nach dem Urteil des Chefs von Chase Econometrics ist der größte Teil der amerikanischen Konzernwelt eher mit dem Aufkauf bereits bestehenden Kapitals befaßt anstatt mit Investitionen in die Zukunft. Und Professor Lester Thurow, Chef der Sloan School of Management am MIT, Amerikas Kaderschmiede fürs Topmanagement, vermerkt: »Jedes elementare Wirtschaftslehrbuch wird Ihnen sagen, daß das Finanzwesen dazu da ist, der Industrie zu dienen; wir sind jetzt damit zu gange, die Industrie zu einem Spielzeug des Finanzwesens zu machen.«[19]

Die amerikanische Abart der englischen Krankheit spiegelt sich in der Produktivität. Sie ist 1973–85 mit einer mittleren

Jahresrate von 2,8 Pro*mille* gewachsen – verglichen mit 1,5 Prozent in England, 2,3 Prozent in Deutschland und 2,9 Prozent in Japan.[20] »Das Problem besteht darin, daß all die Vorstellungen, wie man etwas herstellt, in den zwanziger Jahren entwickelt worden sind«, so Mrs. Elizabeth Haas, Produktionsexperte der führenden Management-Beratungsfirma McKinsey.[21]

Eine paradoxe Ursache des Leistungsverfalls in der amerikanischen Wirtschaft ist gerade der Leistungsdruck, der auf den Managern lastet. Vierteljährliche Erfolgsbewertung anhand der erbrachten Gewinnziffern und äußerstenfalls eine vierjährige Amortisationszeit für Investitionen, das ist schlicht zu kurz, um sich auf innovative technische Entwicklungen einzulassen. Wer irgend Karriere machen will, läßt folglich seine Finger von der Produktion.

Der Dauerstreß dieses Evaluierungswahns wird wieder von der Börse diktiert. »Unternehmenseinheiten wurden zur Ware, das große Geld nicht mehr mit ihrem Betrieb, sondern mit ihrem An- und Verkauf verdient. Die Manager der Firmen wurden zu Marionetten von Wallstreet, wo zigarrenschmauchende 25jährige Wunderkinder mit Millioneneinkommen über ihr Schicksal entscheiden. Sie arbeiten für institutionelle Anleger wie Versicherungen, Pensions- und Anlagefonds und Investmenthäuser. Ihr Ziel ist die Wertmaximierung ihres Aktienbesitzes. Ein schlechtes Quartalsergebnis, und ein Wert wird auf den Markt geschaufelt, was oft zum Kursverfall führt. Langfristige Investitionen, die auf den Gewinn drücken, sind in diesem Klima nahezu unmöglich. Die Institutionellen, die über drei Viertel des gesamten amerikanischen Aktienmarktes kontrollieren, erwarten sonnige Ergebnisse und fragen nicht danach, wie sie zustande kommen«, so das »Handelsblatt« im Herbst 86.[22] »Selbst Großkonzerne sind heute gezwungen, Aktienkurs und Dividenden kurzfristig zu maximieren, um bei institutionellen Anlegern... nicht in Ungnade zu fallen.«[23] Auch Topmanager wollen ihren Job behalten. Sieht der Mehrheitsaktionär Börsenstandards wie »Gewinn pro Aktie« unbefriedigt, wird verkauft oder gefeuert. Und eine Company wie Panam, die wieder und wieder den Besitzer wechselt, verliert Orientierung und Qualitätsgefühl.

Ausgehöhlte Konzerne – Weltmacht ohne Industrie?

Soweit man sich noch mit der Gütererzeugung befaßt, wird zumeist verlagert und aufgesplittet: Immer größere Teile der Produktion werden abgeschoben in Niedriglohn – oder Niedrigsteuergebiete und in die »pollution haven« der Dritten Welt, wo Umweltschutz unbekannt und die Vergiftungsfreudigkeit ungebrochen ist. In den USA erfolgt oft nur noch das Marketing: »Companies, seit langem namhaft als Hersteller von Waren aller Art, produzieren heute nur noch die Verpackung oder das Etikett«, so »Business Week« in einem Special Report über die »Hollow Corporation« (den »hohlen Konzern«).[24] Bei General Electrics Verbrauchsgüter-Elektronik zum Beispiel waren 1984 60 Prozent der Mitarbeiter in der Produktion tätig. Zwei Jahre später sind es nur noch 10 Prozent.

Die Hoffnung, Amerika als Service-Ökonomie und Exporteur von Blaupausen in die Zukunft zu retten, ist ein eitler Traum. »Wenn die US-Industrie ihre Produktionsbasis verliert«, so Professor Lester Thurow, »wie können ihre Ingenieure und Wissenschaftler bei der Software auf dem laufenden bleiben, die sie in anderen Kontinenten verkaufen wollen?«[25] »Die USA geben ihren Status als Industrie-Macht auf«, urteilt Akio Morita, Chef des Sony-Konzerns.[26]

Das »Handelsblatt« sieht Amerikas Schwachpunkte »in einem Abbau der industriellen Leistungsfähigkeit, der noch

als ›Übergang zur Dienstleistungsgesellschaft‹ glorifiziert wird, sowie in einer einseitigen Abrüstung auf dem Bildungssektor... Was eine Regierung erreicht, die sich für die Abschaffung des Bildungsministeriums stark macht, deren Bildungspolitik sich im Kampf um die Wiedereinführung des Schulgebetes erschöpft und die eher 100 Milliarden Dollar für Waffen als eine Milliarde für Begabtenförderung ausgibt, das zeigen alarmierende Statistiken.«[27]
Als die New York Telephone Company im ersten Halbjahr 1987 21000 Bewerber für 780 Jobs einem 50minütigen Test auf Lesen und Verstehen einfacher Texte unterzog, bestanden nur 16 Prozent. Auch bei den qualifizierteren Berufen ist die Bilanz erschreckend. Inzwischen ist die Zahl der aus den Universitäten entlassenen Ingenieure pro Kopf der Bevölkerung nur noch halb so hoch wie in Japan. In einer Fernsehsendung beklagte unlängst der Schriftsteller David Halberstamm, daß die begabtesten Hochschulabsolventen nicht aus den technischen Hochschulen kämen, sondern als Juristen in die Anwaltskanzleien und als Finanzmakler an die Wallstreet abwanderten.
Der Mangel an Ingenieuren und Technikern, der seit Jahren beklagt wird, hat inzwischen auch auf Facharbeiter wie Schweißer, Elektriker und Maurer übergegriffen. Dieser Mangel bedroht Fortschritte in der Produktivität stärker noch als die Fehlleitung des Kapitals. »Wenn der Trend so weitergeht, werden wir in Amerika moderne Fabriken haben, deren Maschinen niemand mehr bedienen oder reparieren kann«, so Arbeitsmarkt-Spezialist Harley Sharkon von der University of California.[28]
Die gesamte amerikanische Malaise – Mißmanagement, Bildungskatastrophe, Vernachlässigung der Infrastruktur, Dollarspektakel und Rüstungswahn – spiegelt sich in der nur noch sklerotischen Konkurrenzfähigkeit der USA. Amerikas Importe übersteigen die Exporte um rund zwei Drittel.

Klarer noch als das sattsam bekannte Defizit gibt ein Blick auf die Waren, die da gehandelt werden, den Leistungsverfall Amerikas zu erkennen. Die angeblich führende Industriemacht unserer Epoche ist auf dem Weltmarkt vor allem als Exporteur von Schießzeug, Getreide und Viehfutter bekannt. Und deren Absatz wird durch kräftige Subventionen und politischen Druck unterstützt. Doch die Dritte Welt – eines der traditionellen Hauptgebiete für Amerikas Waffen – ist pleite. Und im Agrarbereich sind viele alte Kunden in den Jahren des teuren Dollars abgesprungen und haben sich umorientiert.

Da ist kaum ein Bereich, wo Amerika noch mithalten kann. High-Tech kommt, soweit es sich nicht um Waffen handelt, aus Japan. Dort werden längst mehr Computerchips produziert als im ehemals führenden Amerika. Billige Massenware liefern die Schwellenländer der Dritten Welt, vor allem die »Super-Competitors« aus Südostasien. Und bei Konsumgütern und Maschinen hoher Qualität ist Europa führend.

1964 hielten die USA bei Werkzeugmaschinen noch einen Weltmarktanteil von 23 Prozent. Dieser Anteil ist auf 4 Prozent abgesackt. Der Anteil von Importen am US-Inlandmarkt von Werkzeugmaschinen wuchs dagegen von 4 auf 47 Prozent. Amerikas Antwort: Den Produzenten in Europa und Fernost wurden »freiwillige Selbstbeschränkungsabkommen« aufgezwungen. Aufgrund des Qualitätsverfalls amerikanischer Erzeugnisse ist in den USA eine neue Dienstleistungsbranche entstanden, die minderwertige Waren repariert. Doch im Ausland läßt sich das nicht durchführen. Da bleiben schäbige Made-in-US-Produkte einfach liegen.

1980–86 kippte Amerikas Handelsbilanz bei Industriegütern von einem Plus von 18,1 Milliarden Dollar auf ein Minus von 151 Milliarden Dollar. Unverkennbar sind viele US-

Produkte, vor allem Maschinen, völlig unabhängig vom Preis und damit vom Dollarkurs nicht mehr konkurrenzfähig, und das sowohl auf dem Welt- als auch auf dem amerikanischen Inlandmarkt. Selbst bei High-Tech-Elektronika sind die USA trotz der gigantischen Subventionen durchs Pentagon seit 1984 in den roten Zahlen. Dieses Defizit explodierte allein 1986 um 49% auf 13,1 Milliarden Dollar. Und als im Herbst 87 US-High-Tech- und Raumfahrtkonzerne wie General Dynamics in Washington mit dem Antrag vorstellig wurden, ihre Satelliten mit russischen Raketen ins All zu schießen, war das ein demütigender Schock für das amerikanische Selbstwertgefühl.

Das gewöhnliche Amerika – Kehrseiten der Reagonomics

Die Verwandlung der USA in eine Raketen und Cheeseburger-Ökonomie schlägt sich in der Einkommensentwicklung nieder. 1987 sind die USA beim Bruttosozialprodukt pro Kopf der Bevölkerung von Japan überholt worden, von den reicheren europäischen Staaten wie Westdeutschland, Schweiz und Schweden ganz zu schweigen. Gewiß leben die Amerikaner auf Pump. Die Verschuldung der Arbeitnehmerfamilie erreichte 1985 Durchschnittswerte von 33000 Dollar – acht Prozent mehr als im Jahr zuvor. Darin spiegelt sich freilich weniger eine übermäßige Konsumgier als der Verfall der Reallöhne. In der amerikanischen Industrie sind sie 1973–85 um 15 Prozent abgesunken.
Zugleich hat sich die Verteilung der Einkommen in der Reagan-Ära eindrucksvoll aufgefächert. Zum Teil wird das auszugleichen versucht, indem mehr Ehefrauen und Mütter Arbeit suchen. Das wieder hat zu einem Absinken der Geburtsrate geführt. So ist der Anteil der Erwerbstätigen an der Gesamtbevölkerung der USA von 38,4 Prozent im Jahr

1970 auf 44,8 Prozent im Jahr 1985 hochgeschnellt – der nach der Schweiz höchste Wert in der westlichen Hemisphäre. Dennoch sind die Realeinkommen junger Familien (unter 25 Jahren) allein 1979–85 um 22 Prozent gefallen und die Familieneinkommen in der Altersgruppe von 25 bis 34 Jahren um 9 Prozent.[29]

Man ist in Amerika stolz darauf, in sechs Jahren neun Millionen Jobs geschaffen zu haben. Doch 44 Prozent dieser Arbeitsplätze bringen weniger als 7000 Dollar pro Jahr. Oft handelt es sich um miserabelst bezahlte Dienstleistungs-Jobs in einer Shoe-shine-boy-Ecomoy, ohne Alters-, Arbeitslosen-, Unfall- und Krankenversicherung und ohne jeden arbeitsrechtlichen Schutz. Nach Angaben der »Konferenz der Bürgermeister der Vereinigten Staaten« hat die Anzahl der Obdachlosen im Boomjahr 1987 um 22 Prozent *zugenommen* und die Zahl der Hungernden um 18 Prozent. Dabei sei die Arbeitslosenrate in allen 26 untersuchten Städten *gefallen*. 22 Prozent der Obdachlosen haben einen Arbeitsplatz, doch die Löhne reichen nicht zum Unterhalt einer Wohnung aus.[30] 32 Millionen Amerikaner vegetieren unterhalb der amtlich festgelegten Armutsgrenze. 20 Millionen haben nicht genug zu essen – so eine im Oktober 87 vorgelegte Studie der Harvard Universitiy.[31] Die Zahl der Arbeiter, die trotz fester Anstellung unterhalb der Armutsgrenze leben, ist um 36 Prozent höher als vor acht Jahren. Der Wirtschaftsaufschwung in Amerika ist an den Arbeitern vorbeigegangen, da vor allem schlecht bezahlte Jobs entstanden sind und der Mindestlohn nicht erhöht wurde.

Angesichts der Rekordverschuldung Amerikas und der Klagen der ganzen Welt, dieses Land lebe über seine Verhältnisse, dokumentieren diese Ziffern entweder ein katastrophales politisches Mißmanagement oder ein Extrem an Zynismus und Menschenverachtung. Kurz vor dem

Schwarzen Montag übertitelte »US News & World Report« einen Artikel mit der Frage: »Stürzt der Himmel wirklich ein?« Man darf zurückfragen: »Wessen Himmel?«
Der gesamte astronomische Kapitalimport ist weder für produktive Investitionen ausgegeben worden noch dem Wohlstand der Bevölkerungsmehrheit zugute gekommen. Er wurde im Pentagon-Etat, im Luxuskonsum der Reichen oder besser Bezahlten und im Immobilienboom vergeudet oder im Spekulationsrausch der Börsen absorbiert. Die Vorbedingungen einer schweren Wirtschaftskrise sind par excellence erfüllt. Das wird offenbar auch in Amerika empfunden. Schon vor dem Wettersturz im Oktober wuchs die Crash-Literatur, fanden finstre Krisen-Szenarien reißenden Absatz. Nur im Zeitpunkt haben sich die Autoren vermutlich vertan. »The Panic of 89« projiziert die Gefahren der globalen Finanzspekulation an die Wand. Der meistverkaufte Titel »The Great Depression of 1990« ist in den Brennpunkt der Massenmedien geraten. Der Autor Ravi Satra, er lehrt an einer Universität in Texas Ökonomie, empfiehlt seiner Leserschaft, sich auf sieben harte Jahre einzustellen. Ein Wirtschaftszusammenbruch à la 1929 könne nur vermieden werden – so Batra –, wenn das Volksvermögen gleichmäßiger verteilt, das Haushaltsdefizit abgebaut und die Liberalisierung des Geld- und Kapitalhandels rückgängig gemacht würde. Nichts davon sei wahrscheinlich.

IV
Geldschwamm USA

Darin spiegelt sich der Fortschritt der »roaring eighties« gegenüber den »roaring twenties«: Die Umverteilung der Volkseinkommen von den Löhnen zum Kapital hin und dessen nachfolgender spekulativer Mißbrauch vollzieht sich auf verschiedenen Kontinenten. Gewiß gab es auch damals schon transatlantische Kapitalströme, doch sie flossen nach heutigen Maßstäben träge und waren von kaum vergleichbarer Größenordnung. Die vielgerühmte »Globalisierung der Geldmärkte« ist nichts anderes als ein Euphemismus für die Tatsache, daß Amerika aus eigner Tasche weder seinen Rüstungswahn noch seinen Oberschichtkonsum bezahlen kann, noch den Heißhunger seiner Konzernchefs nach Spekulationskapital zu stillen vermag. Es war eine entscheidende Voraussetzung der Reagonomics, dem Rest der Welt das neokonservative Wirtschaftsalphabet von gedrückten Löhnen, Steuersenkungen für die Oberschicht und die Wirtschaft sowie staatlichen Sparfanatismus aufgeschwatzt oder aufgezwungen zu haben. Andernfalls hätte das Geld für den amerikanischen Wunderboom schlicht nicht zur Verfügung gestanden.

Immerhin übertraf das amerikanische Staatsdefizit eines einzigen Jahres mit 221 Milliarden Dollar (1986) die gesamte aufgelaufene Verschuldung Brasiliens – des Rekordschuldners der Dritten Welt – um etwa das Doppelte.

Viel Beachtung fand die Verminderung dieses Defizits 1987

um 73 Milliarden. Weniger beachtet wurde, wie diese Verminderung zustande kam: 15 Milliarden flossen in die Kasse, weil Familiensilber verscherbelt, d. h. Staatsbesitz wie Conrail verkauft wurde. 20 Milliarden waren eine einmalige Zufallsgabe, weil mehr Amerikaner als erwartet in einer Torschlußpanik einen auslaufenden Steuervorteil nutzten und Kapitalgewinne deklarierten. Dazu kamen Buchführungstricks wie die Verschiebung von Zahlungen fürs Militär um einen Tag und eine Zahlungsverzögerung für Medicare. Von einer realen Verbesserung des Haushaltsgebarens konnte keine Rede sein.
Allein die Zinszahlungen auf die amerikanische Staatsschuld erreichen inzwischen fast den Umfang des gesamten Staatshaushalts zur Zeit Kennedys. Das Handelsdefizit strebt 1987 einem neuen Rekord von 175 Milliarden Dollar zu, und das Budgetdefizit wächst wieder auf ca. 165 Milliarden Dollar. Vornehm umschrieb das »Handelsblatt« die amerikanische Malaise mit der Schlagzeile: »Die Vereinigten Staaten haben die Position als größte Schuldnernation 1986 ausgebaut.«[1]

Zahlmeister Japan

Finanziert wird das Ganze mit Geldern aus Japan, Westeuropa, Lateinamerika und Afrika und wohl auch mit einigen Petro-Dollars. Japan bietet dabei einen Sonderfall. In den anderen Regionen wurde ein spärlich wachsendes oder sinkendes Volkseinkommen zu Lasten der Lohnabhängigen umverteilt. In Japan dagegen wurden die Arbeitnehmer am rapiden Wachstum des Volkseinkommens in gewissem, aber nicht angemessenem Umfang beteiligt. Das japanische Wirtschaftswunder war genau deshalb nur dank aggressiver Exporte und eines unmäßigen Handelsüberschusses existenzfähig. Der Ertrag daraus floß wieder ab ins Ausland.

Zwischen 1980 und 1986 sind Japans Auslandinvestitionen geradezu explodiert – von 11,5 auf 180,4 Milliarden Dollar.
Um Gelder dieser Größenordnung zu beherbergen, zu schützen und zu steuern, braucht es ein weltumgreifendes Bankennetz. Der kometenhafte Aufstieg von Japans Großbanken zur Weltmacht auf dem Geldmarkt ist das logische Gegenstück zur bescheidenen Lohnentwicklung im Reiche Nippons. Schon 1984 waren sechs der neun größten Banken der Welt japanisch. Sie haben offenbar den Hauptertrag der japanischen Sparsamkeit in den amerikanischen Verschuldungsstrudel einfließen lassen.
Die Abhängigkeit Amerikas vom japanischen Geld illustriert eindrucksvoll die folgende Episode: Im Frühjahr 87 wurde der Eigenheimbau für viele amerikanische Familien unerschwinglich, weil sich plötzlich die Hypothekenzinsen verteuerten. Verursacht worden war dieser Zinsanstieg von der Nachricht, in Tokio werde darüber nachgedacht, ob Japan weiterhin amerikanische Staatsschuldpapiere kaufen solle. Nicht daß irgendeine negative Entscheidung getroffen worden wäre. Alles blieb beim Alten. Japan zahlte weiter ins amerikanische Defizit. Allein das Nachdenken einiger fernöstlicher Bankenchefs schlug sofort auf den amerikanischen Bauboom durch.
Die berühmte Opferbereitschaft der japanischen Malocher zeigt freilich Ermüdungserscheinungen. Am 12. August 1987 erschien in der »New York Times« eine Großanzeige japanischer Gewerkschaften mit der Balkenzeile: »No more unfair competition!« – ein Aufschrei gegen die Ausbeutungsstandards im Reiche Nippon. In Zahlen, Grafiken und Kurven wurden internationale Vergleiche von Arbeitszeiten, Ferientagen, Lohnanteilen vorgeführt. Mit 2168 Stunden pro Jahr arbeiten die Japaner 509 Stunden oder fast ⅓ mehr als die Deutschen – und das keineswegs freiwillig. Ein

scheinbar großzügiges Gesetz erhöht gerade den Jahresurlaub von 6 auf 10 Tage. Doch nur 5 davon darf der Arbeitnehmer selbst bestimmen, die Restzeiten verordnet der Chef. Wörtlich heißt es in der Großannonce: »Wir sind keineswegs geboren, um Workaholics zu sein. Wir sind total unzufrieden mit der Tatsache, daß wir beraubt werden um Löhne und um Zeit für uns selbst und unsere Familien, denen wir zu dienen glauben. Die Entlohnung, die wir erhalten, ist der kleinste Prozentsatz am Firmeneinkommen im Vergleich der fünf meist fortgeschrittenen Industriestaaten ... Äußern Sie Ihre Sorge jetzt – nicht gegen das Volk von Japan, sondern um das Volk von Japan zu unterstützen und um Ihre eigenen etablierten Rechte für freien Wettbewerb zu schützen. Bringen Sie Ihre Ansicht in Ihrer Weise zum Ausdruck gegenüber der japanischen Botschaft und durch Ihre eigenen Kanäle gegenüber der Regierung und dem Parlament von Japan. Wir rufen auf zu internationaler Solidarität, die Arbeitspolitik von Japans Regierung zu korrigieren, so daß wir keinen unfairen Wettbewerb mehr haben und eine Lösung zum US-Japanischen Handelsdefizit.«

Entwicklungshilfe für die Supermacht

Weit unterschätzt wird zumeist der Aderlaß der Dritten Welt zur Finanzierung des Börsenbooms, des Rüstungswahns und des Luxusrauschs in den USA. Fast täglich rechnet die Wirtschaftspresse diesen Ländern ihre Verschuldung vor. Doch was im Saldo an Kapital herausgesaugt wird, das findet weit seltener Erwähnung. Dabei sind der Westen und allen voran die USA an deren Misere alles andere als unschuldig. Zunächst wurde den Entwicklungsländern das Modell einer kreditfinanzierten Exportindustrialisierung aufgeredet und das westliche Konsummuster importiert. Dann multiplizierten sich die Ölrechnungen. Bezahlt wurden sie notgedrungen mit neuen Dollarkrediten. Dann kam der zweite Ölschock. Danach schnellten die Zinssätze auf ein Niveau, wie es die Industrieepoche noch nicht gekannt hatte. Zugleich schoß der Dollar, in dem die meisten dieser Kredite gebucht waren, in absurde und von niemandem vorhergesehene Höhen. Und infolge der Wirtschaftskrise der Jahre 1980–83 verfielen die Absatzchancen der Dritten Welt in der Industrie-Hemisphäre und mit ihnen die Preise ihrer Produkte. All das zusammen ist objektiv unbewältigbar.

Seither hungern sich diese Länder Exportüberschüsse ab, um ihren Zinsdienst so gut wie möglich zu erfüllen. 1985 hat Mexico 56% mehr aus- als eingeführt. Im Fall Perus übertrafen die Exporte die Importe um 61 Prozent und im Fall Brasiliens um 79%. Doch die Verschuldung dieser Länder wächst. Nachdem die Horror-Diktaturen, die den Völkern Lateinamerikas nicht selten vom CIA aufoktroyiert worden sind, mit Geld geradezu überflutet wurden, werden die Demokratien, die ihnen nachgefolgt sind, empfindlich zur Ader gelassen.

Die Umschuldungsvereinbarungen – so Henry Kissinger – »zwingen die Schuldnernationen zu Beschränkungen, die die einzige Heilpflanze, Wachstum, zerstören.«[2] Die Anzahl der Dürretoten im Nordosten Brasiliens wurde für 1979–83 auf 10 Millionen geschätzt. Dort leiden 60 Prozent der Kinder unter Blutarmut und zeigen Zeichen von Unterernährung. Weltbank und Währungsfond lassen grüßen.

Am schlimmsten ist die Situation Afrikas. 1986 mußten dort 14 Milliarden Dollar für Zinsen und Tilgung aufgebracht werden. Das waren zwei Milliarden mehr, als die Afrikaner im gleichen Zeitraum an Entwicklungshilfe erhielten. Das Wirtschaftswachstum fiel 1986 von zweieinhalb auf ein halbes Prozent. Doch die Bevölkerung wächst pro Jahr um fast drei Prozent. Die Nahrungsmittelerzeugung pro Kopf ist nach und nach um zehn bis zwanzig Prozent gefallen. 575 Millionen Menschen erleben auf dem schwarzen Kontinent, wie sich eine elende Gegenwart in eine noch schwärzere Zukunft verwandelt.

Diese Exportüberschüsse widerspiegeln nur einen Teil der Ausblutung durch den Welthandel und dazu wohl noch den kleineren. Denn in ihnen erscheint nicht die Auszehrung der Dritten Welt infolge des Preiskollapses ihrer Produkte. Die Preise für Rohstoffe – außer Erdöl – sind 1980–86 um real 33 Prozent gefallen. Sie bewegen sich jetzt schon auf einem Stand, der mit dem in der Weltwirtschaftskrise von 1932 vergleichbar ist. Das hat zu Einnahmeausfällen der Dritten Welt – ohne OPEC – von rund 90 Milliarden Dollar im Zeitraum 1981–86 geführt. Diese Angaben machte UNCTAD-Generalsekretär Kenneth Dadzie auf der 7. Verhandlungsrunde der UNO-Konferenz für Handel und Entwicklung im Juli 1987. Das Pro-Kopf-Wachstum, das in den 70er Jahren in der Dritten Welt dreieinhalb Prozent erreichte, sei in der ersten Hälfte der 80er Jahre zusammengebrochen. Nach neuen Schätzungen der Weltbank sind die Preise für Afrikas Rohstoffe gar auf ein Viertel des Wertes der 70er Jahre abgerutscht. Allein 1986 fielen die Exporterlöse Afrikas um 19 Milliarden Dollar oder 27 Prozent. Zugleich kletterten die Importpreise um 17 Prozent. Das schlimme Wort vom »Massenmörder Welthandel« – es war niemals mehr berechtigt als heute.

Diese Ausplünderung durch den Warenaustausch wird ergänzt durch die Kapitalflucht. Nahezu täglich kommen vornehme Latinos aus verarmten und verschuldeten Nationen mit Koffern voll Dollars nach Miami und New York und kaufen, ohne groß nach dem Preis zu fragen, alles, was amerikanisch ist – Aktien und Optionen, Hinterhöfe in Manhattan oder Schuldenpapiere dubioser Investmentfonds. Der Morgan Guaranty Trust schätzte 1986, daß die Neuverschuldung Lateinamerikas in den letzten drei Jahren in erheblichem Maße lediglich die Kapitalflucht finanziert hat. Die freilich ist keineswegs nur ein Problem des südamerikanischen Subkontinents. Das vom Westen inthronisierte Krebsgeschwür Mobuto zum Beispiel hat fünf Milliarden an »Privatvermögen« aus seinem Feudalanwesen Zaire in die Schweiz geschafft. Das ist genausoviel wie die Auslandsschuld des Landes. Was davon in den glitzernden Wohnburgen der New Yorker Fifth Avenue angelegt wird oder in der Wallstreet versickert, erscheint in der Statistik als Investitionen der Schweiz in Amerika. Kaum jemand sieht hinter solchen Ziffern das Elend eines Volkes von 31 Millionen Menschen, deren Diktator sein blutiges Image unlängst mit der Gründung eines »Ministeriums für Menschenrechte« aufzupolieren versucht hat – in der Hoffnung, damit seine Kreditwürdigkeit aufzubessern. Sorgfältige Berechnungen des Internationalen Währungsfonds haben die Kapitalflucht aus der Dritten Welt 1975–85 auf 150 bis 200 Milliarden Dollar veranschlagt[3].

Jüngst wurde in einem Beitrag der »Wirtschaftswoche« die folgende Gesamtschätzung des süd-nördlichen Aderlasses präsentiert: »Seit 1982, dem Beginn der Schuldenkrise, hat die Dritte Welt einen Netto-Transfer von ungefähr 200 Milliarden US-Dollar geleistet. Davon mußte Lateinamerika 135 Milliarden, Afrika 50 Milliarden Dollar aufbringen. Hinzu kam Kapitalflucht in Höhe von schätzungsweise 100 Milliarden Dollar... Außerdem mußte die Dritte Welt 100 Milliarden Dollar Einkommenseinbußen durch gesunkene Exportpreise und verschlechterte Terms of Trade hinnehmen und 100 Milliarden als Gewinne und Abgaben an ausländische Investoren oder für den Einsatz ausländischer Technologien zahlen. In der Summe macht das rund 500

Milliarden Dollar, die im Verlauf von fünf Jahren transferiert wurden.«[4]
Soweit es sich dabei um Fluchtkapital aus der Dritten Welt handelt, ist ein erklecklicher Teil davon mit dem Börsenkollaps abzuschreiben. Im November kommentierte das »Handelsblatt«[5]: »Angesichts der Befunde der Weltbank und UNCTAD könnte man die sogenannte ›Schuldenkrise‹ umtaufen. Es ist geradesogut eine ›Kapitalfluchtkrise‹, insofern, als die Hälfte der Summe der Gesamtverschuldung der Dritten Welt von rund einer Billion Dollar in den Industrieländern und auf den großen Finanzplätzen noch als Guthaben von Bürgern und Unternehmen aus den Schuldnerländern vorhanden war (zumindest bis zum Börsenkrach), und zwar sicher zum Teil auch bei jenen Banken, welche mit den Verlusten aus der ›Überschuldung‹ kämpfen. Dies stellt nicht nur die Echtheit der Verschuldungskrise in Frage, sondern wirft auch die Frage auf, wie weit die stille Komplizenschaft von Gläubigern und Schuldnern reicht. Sollten nicht die Empfängerländer etwas ehrlicher bei der Abwehr von Fluchtkapital mitarbeiten, welches, wie man jetzt erkennt, ihnen nicht nur Gewinn brachte, sondern die Spekulation förderte und damit die Krise verschärfte – teils zum eigenen Schaden.«
Das nach dem Zweiten Weltkrieg zusammengebrochene Kolonialsystem dürfte ein erheblich weniger effizientes Instrument zur Ausplünderung der südlichen Halbkugel gewesen sein als das System der Kapitalverflechtung, das ihm nachgefolgt ist.

Transatlantische Allianz

Einen gewaltigen Beitrag zur Finanzierung des amerikanischen Verschuldungsspektakels leisten die neokonservativ regierten Länder Westeuropas. Das läßt sich aus den elementaren Ziffern zur Entwicklung von Löhnen, Volkseinkommen, Außenhandel und Kapitalexport schließen. Tabelle 4 gibt einige internationale Vergleichszahlen. Sie sind allesamt aus dem im Dezember 87 vorgelegten Jahresgutachten des Sachverständigenrates zur Begutachtung der gesamtwirtschaftlichen Entwicklung errechnet.

Die radikalste Entwicklung vollzog sich in den Niederlanden mit einem Reallohnverlust von 14 Prozent in nur fünf Jahren, gefolgt mit deutlichem Abstand von Belgien mit einem Minus von 3,8 Prozent und der Bundesrepublik mit einer Stagnation des Reallohnes. Die recht eindrucksvolle Entwicklung in Großbritannien erklärt zum Teil der Geldsegen aus dem Nordseeöl, und zum Teil handelt es sich um den bloß statistischen Effekt eines erbarmungslosen Schrumpfungsprozesses, der vor allem niedrig bezahlte Arbeitsplätze ersatzlos vernichtet hat. Seit 1980 ist ein Fünftel der britischen Industrie verschwunden. Der Preis für den statistisch beobachtbaren Reallohnanstieg ist in der britischen Hochkonjunktur eine Arbeitslosenquote, die nur wenig unter dem Maximalwert der Weltwirtschaftskrise von 1929–33 liegt. Die Gesamtsumme der Reallöhne ist in England 1980–85 praktisch stagniert (vgl. Zeile 2 der Tabelle) und in der Bundesrepublik und in Belgien infolge der dort gleichfalls erfolgten Arbeitsplatzvernichtung deutlich gesunken. Die USA dagegen lassen einen eindrucksvollen Zuwachs der Gesamtsumme der Arbeitnehmereinkommen von 10,8 Prozent erkennen. Gewiß ist das Gros der neun Millionen neu entstandener Jobs in Amerika elendiglich schlecht bezahlt. Doch es ist wohl noch immer besser, gering entlohnte Arbeitsplätze mit wohl oft auch niedriger Produktivität anzubieten als gar keine – eine Politik, die in Deutschland, Belgien und Großbritannien vorherrscht.

In den vier entschieden neokonservativ regierten Ländern

Tabelle 4
Vergleich von Wirtschaftsleistung, Lohnentwicklung und Arbeitslosigkeit in angebotsorientiert regierten und in »gemischt« regierten Volkswirtschaften 1980–85

	Bundesrepublik	Belgien	Niederlande	Großbritannien	Italien	Frankreich	Schweiz	Japan	USA
Gesamtzuwachs des Brutto-Reallohnes pro Arbeitnehmer 1980–85[a)]	0,2 %	–3,8 %	–14,1 %	7,8 %	6,8 %	4,2 %	9,6 %	6,7 %	2,3 %
Zuwachs der Gesamtsumme der Bruttorealeinkommen aus unselbständiger Arbeit 1980–85[b)]	–3,2 %	–8,6 %	–11,4 %	0,5 %	6,2 %	3,0 %	9,6 %	15,9 %	10,8 %
Zuwachs des Brutto-Inlandproduktes in Preisen von 1980[c)]	6,5 %	3,2 %	3,4 %	9,7 %	4,7 %	5,7 %	6,9 %	20,9 %	12,8 %
Veränderungen des Anteils der Brutto-Einkommen der abhängig Beschäftigten am Brutto-Inlandprokukt[d)]	–9,1 %	–11,4 %	–14,4 %	–8,4 %	1,4 %	–2,6 %	2,6 %	–4,1 %	–1,8 %
Veränderung der Zahl der abhängigen Beschäftigten 1980–85	–3,4 %	–5,0 %	3,0 %	–6,6 %	– 0,6 %	–1,2 %		8,6 %	8,3 %

a) Gesamtzuwachs des Einkommens aus unselbständiger Arbeit je beschäftigten Arbeitnehmer 1980–85 deflationiert mit dem Index der Verbraucherpreise, berechnet aus Sachverständigenrat, Jahresgutachten 1987/88 Tabellen 5 + und 14 +

b) Der Unterschied zu Zeile 1 erklärt sich aus der Veränderung der Beschäftigtenzahl, berechnet aus Sachverständigenrat 1987/88 Tabellen 4 + und 14 +

c) Sachverständigenrat, Jahresgutachten 1987/88 Tabelle 3 +

d) Die Zahlen ergeben sich aus dem Index der Entwicklung der Summe der Brutto-Realeinkommen aus unselbständiger Arbeit 1980–85, geteilt durch den Index des Bruttoinlandprodukts. Sie errechnen sich aus den Zeilen 2 und 3 wie folgt: Beispiel BRD Entwicklung der realen Arbeitnehmereinkommen 1980–85 – 3,2 %, Index-Entwicklung folglich 100 zu 96,8, Bruttoinlandprodukt + 6,5 %, Index-Entwicklung 100 zu 106,5; 96,2 zu 106,5 = 90,9, d. h. Verminderung um 9,1 Prozent

der linken Tabellenhälfte wurde der Anteil der Löhne am Volkseinkommen drastisch zurückgedrängt (Zeile 4 der Tabelle) – im deutlichen Gegensatz zu den »gemischt« regierten Nationen wie Italien und Frankreich und dem Spezialfall USA mit seinem vom Ausland bezahlten Keynesianismus. Doch beim Wirtschaftswachstum zeigen diese neokonservativ regierten europäischen Staaten keine erkennbar besseren Wachstumsleistungen als die gemischt regierten Nationen. (Zeile 3 der Tabelle, einen Ausnahmefall bietet hier England, das vom Nordseeöl profitierte.) Die gedrückte Lohnentwicklung hat sich demnach volkswirtschaftlich nicht ausgezahlt, weder in den Wachstumsziffern noch auf dem Arbeitsmarkt. Und sie hat unverkennbar den Investitionen geschadet statt genutzt.
Das war die Kardinalthese der neokonservativen Politik: Eine Umverteilung des Volkseinkommens von den Löhnen zu den Gewinnen werde die Unternehmen zu verstärkten Investitionen anregen und damit Arbeitsplätze schaffen. Diese These war die entscheidende Rechtfertigung der gesamten Umverteilungspolitik in den 80er Jahren, mit der das soziale Wertesystem der Nachkriegsepoche von unten nach oben gekehrt worden ist. Sie ist empirisch widerlegt. Wo die Löhne sinken oder stagnieren, wird auch nicht investiert. Die Staaten mit der schärfsten Zurückdrängung des Lohnanteils am Volkseinkommen (Tabelle 4 Zeile 4) zeigen zugleich auch die kärglichste Entwicklung bei den Investitionen (Tabelle 5). (Anzumerken ist freilich, daß der Zuwachs der Anlageinvestitionen in Amerika zum großen Teil vom Bauboom getragen wurde.)
Japan, die Bundesrepublik und die Niederlande laden statt dessen einen wachsenden Teil ihrer Wirtschaftsleistung auf das Ausland ab. Das ist die notwendige Konsequenz aus einer zurückfallenden oder stagnierenden Kaufkraft der Ar-

Tabelle 5
Investitionsentwicklung in angebotsorientiert regierten und in gemischt regierten Volkswirtschaften 1980–85

	Zuwachs der Anlageinvestitionen 1980–85 (in Preisen von 1980)
Bundesrepublik Deutschland	−3,9%
Belgien	−14,9%
Niederlande	−6,0%
Großbritannien	5,4%
Italien	10,9%
Frankreich	2,5%
Schweiz	25,7%
Japan	14,3%
USA	19,9%

berechnet aus Sachverständigenrat, Jahresgutachten 1987/88 Tabelle 9 +

Tabelle 6
Saldo der Handelsbilanz 1980–86 für die Bundesrepublik, die Niederlande, Japan und die USA (in Milliarden US-Dollar)

	Bundesrepublik	Niederlande	Japan	USA
1980	+10,10	−1,41	+ 2,13	− 25,49
1981	+17,78	+3,81	+19,97	− 27,98
1982	+26,41	+4,59	+18,08	− 36,45
1983	+22,42	+4,26	+31,45	− 67,10
1984	+22,95	+5,40	+44,26	−112,50
1985	+28,77	+5,30	+55,99	−122,15
1986	+56,39	+7,20	+92,83	−144,33

Ausfuhr fob; Einfuhr fob, entnommen aus Sachverständigenrat, Jahresgutachten 1987/88 Tabelle 11 +

beitnehmer zu Hause im Inland. Ihr Handelsüberschuß sprengt inzwischen jeden historischen Vergleich. Er findet sein Gegenstück im Rekorddefizit der USA. Der Erlös aus der aggressiven Exportpolitik Japans, Deutschlands und der Niederlande fließt wieder ab ins Ausland. Das zeigt im Fall der Bundesrepublik recht eindrucksvoll die deutsche Kapi-

Tabelle 7
Aderlaß ins Ausland: Saldo der deutschen Kapitalbilanz 1981–86 (in Milliarden DM)

1980	+ 1,8 Mrd.
1981	+ 6,5 Mrd.
1982	– 4,4 Mrd.
1983	–15,8 Mrd.
1984	–37,0 Mrd.
1985	–50,7 Mrd.
1986	–69,0 Mrd.

Ein Minuszeichen bedeutet Kapitalabstrom ins Ausland
Quelle: Statistische Beihefte zu den Monatsberichten der Deutschen Bundesbank Reihe 3. Zahlungsbilanzstatistik, Dezember 1987 Tabelle 1 Spalte 21

talbilanz. Lawinenartig ist seit 1982, dem Jahr der Wende, der deutsche Kapitalexport angewachsen. Der Löwenanteil dieses Geldes findet sich offenbar in Amerika wieder. Dort sind die Japaner, die Briten, Deutschen, Holländer und Schweizer die großen Investoren. Großbritannien und die Schweiz fungieren dabei zugleich als wichtige Zwischenstationen. London beherbergt das große Zentrum des Eurogeldmarktes. Das von deutschen Unternehmen (ohne Banken) dort für Zinsgewinne angelegte Geld stieg in dreieinhalb Jahren (1.1.84 bis 30.6.87) auf das Neunfache – von 2,6 auf 24,1 Milliarden Mark. Und die Schweiz ist das bevorzugte Asyl für die Privatvermögen der Diktatoren. Zugleich schließt die Schweizer Statistik mit Liechtenstein eine beliebte Oase deutscher, italienischer und französischer Steuerflüchtlinge ein. Woher das aus diesen beiden Ländern nach Amerika strömende Kapital letztendlich stammt, das läßt sich nicht nachweisen. Genau aus diesem Grund wird ja die Schweiz als Hort für Fluchtgeld gewählt.
Die Zahlen und Fakten geben klar zu erkennen: Der Börsenkollaps ist das Resultat einer weltumgreifenden Einkommensumverteilung. Das Geld, das das Spekulationsfieber

an der Wallstreet bis hin zum Crash hochgetrieben hat, ist den kleinen Leuten in Japan, in einigen Ländern Westeuropas und in der Dritten Welt abgespart worden.

V
1924–29 und 1982–87
Vergleich zweier Epochen

Der Crash von 1929 und der Crash von 1987 sind von ähnlicher Größenordnung. Zugleich hatte die vorangegangene Spekulation beide Male die Aktienkurse in fünf Jahren auf mehr als das Dreifache hochgetrieben, und beide Male hatte die steigende Hektik der Börsen den Aktienumsatz in wenigen Jahren vervielfacht. Das war im ersten Kapitel gezeigt worden. Daß auch in beiden Epochen das Aufblasen und Platzen der Spekulation von der gleichen Fehlsteuerung der Wirtschaft verursacht ist, wird jetzt für 1924–29 am Beispiel der USA [1] und für 1982–87 am Bilderbuchfall der Bundesrepublik Deutschland nachgewiesen.

The Roaring Twenties – Produktivität ohne Kaufkraft

Entgegen dem gängigen Bild von den vitalen und hektischen zwanziger Jahren durchlebte Amerika in jenem Jahrzehnt ein eher bescheidenes Wirtschaftswachstum. Rapide wuchs dagegen die Produktivität. In der verarbeitenden Industrie stieg der Output pro Arbeitsstunde 1922–29 um jährlich 5,2 Prozent – dreimal so schnell wie vor dem Krieg (1899–1914) [2]. Die Investitionen dagegen hielten sich auf dürftigem Niveau, denn der enorme Produktivitätsfortschritt war billig zu haben. Fließband und ähnliche Technologien der kontinuierlichen Erzeugung von Waren ließen den Ausstoß pro Arbeitskraft hochschnellen. »Unglücklicherweise waren die technischen Veränderungen von solcher Art, daß sie die Produktivität veränderten, ohne große Investitionen zu erfordern.«[3] Das Volkseinkommen wuchs in sieben Jahren um 44 Prozent, das Anlagekapital nur um 22 Prozent.

Darüber, daß mit wenig Geld viel an zusätzlichem Wohlstand geschaffen werden kann, sollte eigentlich eitel Freude herrschen. Doch die Logik der Marktwirtschaft folgt anderen Gesetzen. Denn dieser Wohlstandszuwachs wird nur verwirklicht, wenn er auch verkauft werden kann. Dazu müssen die Löhne hoch genug sein. Unglücklicherweise war genau diese Voraussetzung nicht erfüllt. Die Wirtschaft bleibt nur dann auf dem Wachstumspfad, wenn die Nachfrage mit der Produktivität steigt. Doch weil die neuen Technologien wenig Investitionen erforderten, brachte auch die Erzeugung der erforderlichen Maschinen nur wenig an Beschäftigung und damit an Endnachfrage. Zugleich blieb auch der Lohnzuwachs bescheiden. Im Januar 1929 lagen die Löhne um nicht mehr als fünf Prozent höher als im Jahr 25. Doch das Volkseinkommen war 1924–28 um 13,3 Prozent gewachsen. Damit hatte sich eine Schere zwischen Produktivität und Kaufkraft geöffnet. Sie mußte zur Krise führen.

Gewiß war die Lohn*quote* – das ist der Anteil der Löhne am Volkseinkommen – nahezu konstant geblieben. Doch die obersten fünf Prozent auf der Gehaltsleiter sind in ihrem Verhalten eher der Kapitalseite zuzurechnen. Sie konsumieren einen relativ kleinen Teil ihres üppigen Einkommens und legen den Rest zins- oder gewinnbringend an. Bereinigt man die Lohnquote zum ersten um jene fünf Prozent Topverdiener und zum zweiten um den wachsenden Anteil von Lohnempfängern an der Gesamtbeschäftigung, so zeigt sich ein drastischer Verfall: Der Anteil der 95 Prozent typischer Arbeitnehmer am Volkseinkommen fiel von 54,9 Prozent im Jahr 1924 bis auf 49,1 Prozent im Jahr 1929 zurück[4]. (Im Durchschnitt der Jahre 1926–29 ergibt sich ein Verfall ge-

genüber den Jahren 1922–25 von 53,24 auf 50,07 Prozent.) Doch diese Lohnquote hätte nicht nur konstant bleiben, sondern deutlich *steigen* müssen, um Kaufkraft und Gewinne im Gleichgewicht und damit die Volkswirtschaft auf dem Wachstumspfad zu halten. Denn der Kapitalstock war eben sehr viel langsamer als die Produktion gewachsen, die Produktivität des Kapitals hatte sich rapide verbessert.
So überwog die Rationalisierung das Nachfragewachstum. Zum ersten Mal in der amerikanischen Geschichte ging die Zahl der in der Verarbeitenden Industrie geleisteten Arbeitsstunden 1919–29 zurück – von 25,23 auf 24,29 Milliarden – und auch die Zahl der beschäftigten Arbeitskräfte schrumpfte geringfügig. Der Anteil dieses Kernsektors der amerikanischen Wirtschaft am Arbeitsplatzangebot fiel von 25,1 auf 22,2 Prozent. Gerade die vielbewunderten »neuen Industrien« – Auto, Nahrungsmittel, Zigaretten, Elektrogeräte – schufen kaum zusätzliche Arbeitsplätze. Bei Wachstumsraten ihrer Arbeitsproduktivität 1919–29 von 8 bis 9 Prozent hätte die Produktion hier ingesamt um 126 Prozent zulegen müssen, um die Beschäftigung auch nur zu halten. Das war nicht der Fall.
Zwar multiplizierte sich die Zahl der erzeugten Autos 1920–29 von 2 auf 5,6 Millionen. Doch an der Kapitalbildung der Verarbeitenden Industrie war diese Zukunftsbranche mit nicht einmal fünf Prozent dabei. Und die rasch wachsende Ölindustrie bot nur halb so viele Jobs, wie in der Kohleindustrie vernichtet wurden. Es waren die »alten« Industrien wie Leder und Textilien, die für neue Arbeitsplätze sorgten[5].
Auch andere Wirtschaftssektoren konnten das wachsende Nachfragedefizit nicht schließen, das sich aufgrund der Schere zwischen Löhnen und Produktivität in der Industrie auftat:
Die Landwirtschaft befand sich auch damals in einer schwe-

ren Krise. Rapider Produktivitätsanstieg hatte ein Fünftel der landwirtschaftlichen Arbeitsplätze vernichtet. Bei Weizen herrschte auf dem Weltmarkt ein brutaler Verdrängungskampf infolge rasch wachsender Billigangebote aus Argentinien, Kanada, Australien und einer mörderischen Exportpolitik der Sowjetunion. In den USA selbst war der Pro-Kopf-Verbrauch an Mehl 1919–29 um ein Fünftel geschrumpft und der Kartoffelverbrauch um ein Zehntel. Gewiß stieg der Absatz von hochwertigen Produkten wie Obst, Gemüse, Milchprodukten und Konserven. Doch die kamen aus den Südstaaten, dem Armenhaus der USA. Während 1929 das Durchschnittseinkommen auf dem Land bei 1250 Dollar lag, erreichte es in 16 Staaten nicht einmal die 250-Dollar-Grenze. Das waren nicht nur die ehemaligen Sklavenstaaten des Südens, sondern auch Weizenexportgebiete des mittleren Westens. Das Bareinkommen der Landwirtschaft fiel 1919–29 um 22 Prozent. Und immerhin war hier noch 1929 ein Viertel aller Arbeitnehmer beschäftigt. Schon vor der Weltwirtschaftskrise lebte ein Sechstel aller ländlichen Familien Amerikas von der Sozialhilfe. Der Agrarsektor konnte folglich die Kaufkraftschwäche der Industriearbeiter nicht ausgleichen.

Auch der Staat hat das Defizit bei Nachfrage und Investitionen nicht gefüllt, sondern vergrößert. Sein Anteil an der Neukapitalbildung blieb mit sechs Prozent sogar noch unter dem Vorkriegsstand (1902–12 neun Prozent). Bei öffentlichen Bauten und Eisenbahnen fiel der Zuwachs der Investitionen 1925–29 mit 7,4 % weit hinter dem des Volkseinkommens (14,6 %) zurück.

Ähnlich wie in Amerika erklärt sich der Kriseneinbruch 1929 in Deutschland[6]. Auch hier waren neue Technologien recht billig zu haben. Die Industrie war an den Netto-Anlageinvestitionen 1924–28 nur zu 13,6 Prozent beteiligt. Die Arbeitsproduktivität war 1925–30 rasch und weit stärker als das Lohnniveau gestiegen. Damit überwog der Rationalisierungseffekt den Zuwachs der Nachfrage mit der Folge zunehmender Arbeitslosigkeit. Die Hoffnung auf rasch wachsende Auslandsmärkte für Deutschlands modernisierte Fabriken scheiterte an Handelsschranken. »Der Aufschwung der deutschen Wirtschaft ab 1924 läßt sich deshalb am ehesten als ein Boom der öffentlichen Investitionen und der Infrastruktur kennzeichnen, der mangels Masseneinkommen nicht in einen Prozeß kontinuierlichen Wachstums verwandelt werden konnte... Deshalb ist trotz hoher Kapitalproduktivität und großer Möglichkeiten zu Innovation tatsächlich der ›Investitionsmotor‹ im privaten Sektor der deutschen Industrie in der zweiten Hälfte der zwanziger Jahre wegen Nachfragemangels nie angesprungen ... Nicht das Ende einer langen Welle des Wirtschaftswachstums machte sich bemerkbar, sondern die Folgen von technischem Fortschritt, der nicht durch die Erhöhung des Konsums ausgeglichen wurde.«[7]

Die heranziehende Krise war eindeutig vom Unterkonsum verursacht. Dieser erklärte sich in den USA aus einer Schwächephase der amerikanischen Gewerkschaften, die damals unter den Druck einer massiven Polit-Kampagne gerieten. Ihre Mitgliederschaft schrumpfte, und auch die Häufigkeit von Streiks nahm deutlich ab. Firmenchefs heuerten Personal aus dem Propaganda-Department des Pentagon für antigewerkschaftliche Propagandaschlachten. Unternehmerfreundliche »gelbe« Gewerkschaften wurden gegründet und hatten es 1929 bereits auf anderthalb Millionen Mitglieder gebracht. Zugleich erreichte die Anwendung der Anti-Trust-Gesetze gegen die Gewerkschaften seitens der Gerichte ihren Höhepunkt.

Gewiß fehlte es auch damals nicht an Experten, die in zu *hohen* Löhnen die Krisenursache erkannten. Übertriebene Lohnkosten hätten schließlich zur Freisetzung von Arbeitskräften geführt[8]. Derartige »Analysen« widersprechen den elementaren Kennziffern der damaligen Wirtschaftsentwicklung. Das hat ihrer Resonanz freilich ebensowenig geschadet wie ähnlichen Expertisen heutzutage. Die These vom Lohnwucher gewann eine vordergründige Plausibilität aus den auch heute gängigen internationalen Vergleichen. Die amerikanischen Löhne waren hoch, sie waren die höchsten der Welt. Doch sie waren zu niedrig, gemessen an der Produktivität der Vereinigten Staaten – zu niedrig, um die amerikanische Wirtschaft durch ausreichende Nachfrage auf dem Wachstumspfad zu halten.

Ebenso falsch sind die verbreiteten Erklärungen des Kriseneinbruchs infolge »Marktsättigung« bzw. einer »Ermattung des technischen Fortschritts«, wie sie im Kreis der Theoretiker von »Langen Wellen der Konjunktur« (sog. Kontratieff-Zyklen) gehandelt werden. Nachweislich gab es 1929 genug Investitionschancen zur Kostensenkung und Steigerung der Produktivität. Und der Verkauf langlebiger Konsumgüter wurde nicht von einer Sättigung der Nachfrage, sondern von fehlender Kaufkraft begrenzt. Erst jeder dritte amerikanische Haushalt besaß ein Radio. 1929 gab es in Amerika 23 Millionen Autos, 1982 124 Millionen.

Normalerweise wird in der Wirtschaft das Sparkapital der Nation zum Arbeiten gebracht. Doch in den USA hatten sich damals die Verhältnisse umgekehrt. Die Unternehmen hatten reichlich Geld, doch infolge Nachfrageschwäche nur geringen Anreiz zum Investieren. Außer in den Jahren 1925, 1927 und 1929 war ihr Finanzierungssaldo[9] positiv. Für dieses überschüssige Kapital gab es kaum andere Verwertungsschancen als die Spekulation. »Die Unterkonsumption ... wird durch Umlenkung von Kaufkraft zur Börse hervorgerufen oder auch ein Zurückbleiben der Löhne hinter den Gewinnen«, so MIT-Professor Charles

Kindleberger in seiner Analyse des Kriseneinbruchs von 1929[10]. Rentabilität wurde durch Spekulation vorgetäuscht. »Spekuliert wurde nicht auf Dividenden aus Aktienkapital, sondern auf Kursgewinne.«[11]

Musterschüler Bundesrepublik

Die deutschen achtziger Jahre bestechen durch ihre präzise Parallelität zur amerikanischen Fehlentwicklung hin zum Kriseneinbruch von 1929. Im Unterschied zu damals freilich wurde der Großteil des spekulativen Kapitals – dem Zug der Zeit entsprechend – jenseits der Grenzen eingesetzt. Doch es blieb noch genug übrig, um auch im Inland die Börsenkurse bis zum Kollaps zu treiben. Zugleich fällt die deutsche Fehlentwicklung in ihren entscheidenden Kennziffern pointierter und schärfer aus als der historische Parallelfall der USA.

Konsequenter als wohl jeder andere große Industriestaat hat die Bundesrepublik das neokonservative Wirtschafts-Alphabet durchbuchstabiert. Dessen deutsche Version besteht aus drei Elementen. Mit einem scharfen Sparkurs des Staates wurde die Steuerlast der Unternehmen gemildert, mit einer rigiden Zinspolitik der Bundesbank für Geldwertstabilität gesorgt und mit einer Umverteilung von den Löhnen zu den Gewinnen die Kapitaldecke der Wirtschaft gestärkt. Die Resultate dieser Politik sind nach einem Jahrfünft nunmehr klar zu erkennen. Insofern erlaubt das Erfolgsprofil des Testfalls Bundesrepublik zugleich eine Gesamtbewertung des neokonservativen Konzepts.

Die Gewinnsituation der Wirtschaft ist, milde gesagt, blendend. Seit dem Wendejahr 1982 strebt die bis dahin parallele Entwicklung des Wohlstands von Ober- und Unterschicht diametral auseinander (vgl. Tabelle 8) Die Summe der Nettolöhne, Renten und Unterstützungen wird in der deutschen

Tabelle 8
Die Wende der Einkommen

	Masseneinkommen [a] (1980 = 100)	Einkommen aus Unternehmertätigkeit und Vermögen [b] (1980 = 100)
1980	100	100
1981	98,6	95,3
1982	95,4	95,7
1983	93,5	109,1
1984	92,9	118,6
1985	92,9	122,3
1986	97,4	136,5
1987	99,2 [c]	142,7

a) Summe der Nettolöhne, Unterstützungen, Pensionen und Renten, deflationiert mit dem Index der Verbraucherpreise; berechnet aus den Monatsberichten der Deutschen Bundesbank, Statistischer Teil, Tabellen VIII 7 und 8 und den Statistischen Beiheften zu den Monatsberichten der Deutschen Bundesbank, Reihe 4. Saisonbereinigte Wirtschaftszahlen
b) Berechnet aus: Sachverständigenrat, Jahresgutachten 1987/88, Tabellen 24 + und 24 und Monatsberichte der Deutschen Bundesbank, Statistischer Teil, Tabelle VIII, 7
c) geschätzt

Statistik als »Masseneinkommen« geführt. Trotz des Aufschwungs seit 1983 fiel dieses Masseneinkommen noch drei weitere Jahre auch in absoluten Zahlen zurück und legte erst 1986 wieder zu. Es bewegt sich heute noch immer unter dem Stand von 1980. (Und auch der Zuwachs im Jahr 86 erklärt sich zum Teil aus einem Zufallsgeschenk des Auslands – dem Ölpreisverfall.)
Auch die »Lohnquote« – der Anteil der *Brutto*-Löhne am Volkseinkommen ist 1981–86 um 5,6 % zurückgefallen, von 74,4 auf 68,8 Prozent. Bereinigt um den Zuwachs des Anteils der Lohnabhängigen an der arbeitenden Bevölkerung liegt sie damit so niedrig wie seit 1960 nicht mehr[12]. Ein Rückgang des Lohnanteils am Volkseinkommen in dieser Größenordnung ist in der Geschichte der Bundesrepublik ohne Beispiel. Doch das sind *Brutto*ziffern. Sie geben ein

noch bei weitem zu mildes Bild. 1960 wurden 6,4 Prozent der Löhne weggesteuert, 1985 dagegen 18,2 Prozent. Ein beträchtlicher Teil der durchgesetzten Umverteilung ist kein Ergebnis eines zu geringen Tariflohnzuwachses, sondern die Leistung des Staates. So wurde vom dürftigen Lohnzuwachs der Jahre 82–87 fast die Hälfte (49,1 Prozent) vom Staat mit Steuern und Zwangsabgaben wieder abkassiert, vom üppigen Gewinnzuwachs dagegen mit 5,6 Prozent gerade ein Achtzehntel[13]. Damit sind die Resultate der Tarifverhandlungen vom Staat im nachhinein ad absurdum geführt, ist die Tarifautonomie zur Farce geworden. Netto real – nach Steuern, Abgaben und Inflation – ergibt sich für die Arbeitnehmer 1982–86 ein Einkommenszuwachs von 13,5 Milliarden oder insgesamt 2,5 Prozent, für Gewinne und Kapitaleinkünfte dagegen ein Zuwachs von 42,6 Prozent oder 119,1 Milliarden. Das ist absolut das Neunfache des Reallohnanstiegs. (Diese Ziffern enthalten freilich auch Zinseinkünfte. Die Unternehmensgewinne im engeren Sinn[14] haben sich 1982–87 etwa verdreifacht.)

Will man ein realistisches Bild von der Umverteilung des Volkseinkommens in der Bundesrepublik gewinnen, so muß man die tatsächlich verfügbaren, die *Netto*-Einkommen betrachten. Es ist das Masseneinkommen – die Summe der *Netto*löhne, Renten und Unterstützungen, das den Lohnabhängigen und Rentnern tatsächlich zur Verfügung steht und die für Wirtschaftswachstum und Konjunktur entscheidende Massenkaufkraft bestimmt. Das real verfügbare – das *Netto*-Volkseinkommen – ist folglich die Summe aus Masseneinkommen und Nettogewinnen aus Unternehmertätigkeit und Vermögen. Seine beiden Komponenten fliehen seit 1982 so kraß auseinander wie nie zuvor seit der Verfügbarkeit von Statistiken (vgl. Tabelle 10) – mit Ausnahme vielleicht der schlimmen Epoche 1931–36. Jahr für Jahr ist der Anteil der Nettolöhne, Renten und Unterstützungen zu-

Tabelle 9

Einkommenszuwachs von Arbeitnehmern, Unternehmern und Vermögensbesitzern 1982–86

	Brutto (vor Steuern und Abgaben)	Netto (nach Steuern und Abgaben)	Netto real (in Preisen von 1986)
a) in DM			
Zuwachs der Einkommen aus unselbständiger Arbeit	101,6 Mrd.	53,7 Mrd.	13,5 Mrd.
Zuwachs der Einkommen aus Unternehmertätigkeit und Vermögen	151,0 Mrd.	139,5 Mrd.	119,1 Mrd.
b) in Prozent			
Zuwachs der Einkommen aus unselbständiger Arbeit	13,8 %	9,9 %	2,5 %
Zuwachs der Einkommen aus Unternehmertätigkeit und Vermögen	47,0 %	53,8 %	42,6 %

Errechnet aus Sachverständigenrat zur Begutachtung der gesamtwirtschaftlichen Entwicklung 1987/88, Tab. 24+ und 24, Monatsberichte der Deutschen Bundesbank, Statistischer Anhang Tabellen VIII 7 und 8

Tabelle 10

Anteil der Masseneinkommen am Netto-Volkseinkommen 1980–87

1980	75,2 %
1981	75,8 %
1982	75,1 %
1983	72,2 %
1984	70,4 %
1985	69,7 %
1986	68,4 %
1987 1. Halbjahr	66,6 % a)

a) geschätzt

Nettovolkseinkommen berechnet als Summe aus Masseneinkommen (Nettolöhnen, Unterstützungen, Pensionen und Renten) und den Nettoeinkommen aus Unternehmertätigkeit und Vermögen, berechnet aus Sachverständigenrat, Jahresgutachten 1987/88 Tabellen 24+ und 24 und den Monatsberichten der Deutschen Bundesbank, Statistischer Teil Tabellen VIII 7 und 8 rückgedrängt worden – von 75,8 Prozent bis auf 68,4 Prozent.

Zugleich wird dabei das Einkommen der Oberschicht noch signifikant unterschätzt. Denn zum ersten werden die Gewinne der Unternehmen aus Gründen der Steuervermeidung notorisch nach unten manipuliert. Was nach allen Tricks der Bilanzfriseure und Steuerberater letztendlich dem Fiskus deklariert wird, ist oft nur ein kärglicher Rest. Otto Normalverbraucher hingegen unterliegt mit seiner gläsernen Lohntüte voll dem Zugriff des Finanzamtes. Zum zweiten werden etwa zwei Drittel der Einkünfte aus größeren Kapitalvermögen dem Fiskus geradewegs verschwiegen (vgl. unten) und entgehen damit auch der Statistik.

Zur Beurteilung der Risiken für die Stabilität im Gefolge des Börsenkrachs ist der folgende Sachverhalt entscheidend. *Der enorme Gewinnanstieg der Kapitalseite in den Jahren 1981–86 erklärt sich nur zum kleinen Teil aus dem Wachstum des Volkseinkommens und damit aus einer produktiven Verwertung des Kapitals. Mehr als zwei Drittel – exakt 69,2 Prozent – dieses Gewinnzuwachses sind nicht das Resultat unternehmerischer Leistung welcher Art auch immer, sondern schierer Umverteilungsgewinn* (vgl. Tabelle 11; berücksichtigt man das gesamte Netto-Volkseinkommen – Gewinne, Löhne, Renten, Pensionen und Unterstützungen –, so ergibt die gleiche Rechnung wie in der Tabelle einen Umverteilungsbetrag von 93,4 Milliarden Mark (in Preisen von 1986). Damit erklären sich mehr als drei Viertel – exakt 77,6 Prozent – des Gewinnanstiegs jenes Jahrfünfts aus der Einkommensumverteilung von unten nach oben und nur zu 22,4 % aus produktiver Kapitalverwertung!) Folglich ist genau jene gefährliche Bedingung erfüllt, die notwendig wiederum eine nichtproduktive spekulative Verwendung dieses Gewinns nach sich zieht und mit hoher Wahrschein-

Tabelle 11
Anteil der Einkommensumverteilung am Gewinnzuwachs 1981–86

	Summe der Nettolöhne (in Mrd. DM)	Summe der Nettogewinne aus Unternehmertätigkeit und Vermögen (in Mrd. DM)	Gesamtsumme von Nettolöhnen und -gewinnen (in Mrd. DM)
1981	505,8	245,3	751,1
1986 (in Preisen von 1981)	497,1	351,3	848,4
realer Einkommenszuwachs (in Preisen von 1981)	–8,7	+106,0	+97,3
Hypothetische Summe der Nettolöhne bzw. -gewinne 1986 bei Voraussetzung von Verteilungskonstanz zwischen Nettolöhnen und -gewinnen seit 1981 (in Preisen von 1981)	570,4	278,0	
Differenz zwischen tatsächlichem Einkommen 1986 und Einkommen bei Verteilungskonstanz seit 1981 (in Preisen von 1981)	–73,3	+73,3	
Verhältnis Zuwachs Umverteilungsgewinn zu Zuwachs Gesamtgewinn 1981–86 (Zeile 5/Zeile 3)		69,2 %	

Dabei wurde die Lohnsumme um einen Faktor 1,0015 nach unten korrigiert, da sich der Anteil der Lohnempfänger an den Erwerbstätigen 1981–86 um 0,15 Prozent vermidert hat.
Berechnet aus Sachverständigenrat, Jahresgutachten 1987/88

Tabelle 12
Die Schere zwischen Kaufkraft und Produktivität 1980–86

	Index Masseneinkommen	Index Produktivität [a)]
1980	100	100
1981	98,6	102,6
1982	95,4	103,6
1983	93,5	108,3
1984	92,9	111,2
1985	92,9	113,5
1986	97,4	115,8
1987 3. Quartal	99,2	118,5

a) Bruttosozialprodukt je Erwerbstätigenstunde in Preisen von 1980
Masseneinkommen: Summe der Nettolöhne, Unterstützungen, Renten und Pensionen, deflationiert mit dem Preisindex der privaten Lebenshaltung.
Berechnet aus den Monatsberichten der Deutschen Bundesbank, Statistischer Teil, Tab. VIII 7 und 8 und Statistischen Beihefte zu den Monatsberichten der Deutschen Bundesbank, Reihe 4. Saisonbereinigte Wirtschaftszahlen, Tab. 6

lichkeit zu einer überhitzten und schließlich kollabierenden Börse führt (vgl. Kapitel II).

Die Schere

Die schroffe Verteilungspolitik prägt die deutsche Wirtschaftsentwicklung der 80er Jahre. Ein beachtliches Wachstum der Produktivität traf auf stagnierende Reallöhne und sinkende Kaufkraft. 1980–85 ist das Produktionsergebnis pro Beschäftigtenstunde in der deutschen Volkswirtschaft um 13,5 Prozent gewachsen. Das Masseneinkommen dagegen fiel um real 7,1 Prozent zurück. Das ergab eine Schere zwischen Produktivität und Massenkaufkraft in nur fünf Jahren von 22 % (vgl. Tabelle 12).
Diese Schere hat sich auch bis 1987 nur wenig geschlossen. Diese Diskrepanz zwischen Kaufkraft und Produktivitätszuwachs mußte bewältigt werden. Sie wurde verteilt auf Exporte, auf Verkürzungen der Arbeitszeit und auf Entlassun-

gen. Die Folge war ein nur sehr schwaches Wirtschaftswachstum bei rapide steigendem Exportüberschuß. Jahr für Jahr seit der Wende liegt die Wachstumsleistung der Bundesrepublik unter dem Durchschnitt der westlichen Industriestaaten und auch für 1988 und 1989 prognostiziert die OECD den Deutschen eine deutlich schlechtere Entwicklung als der gesamten Industriehemisphäre.

Der Exportüberschuß multiplizierte sich und erreichte japanische Größenordnungen. Pro Kopf der Bevölkerung übertrifft er in der Tat Japans Überschuß im Außenhandel inzwischen um ein Beträchtliches. Dieser Versuch, das deutsche Nachfragedefizit jenseits der Grenzen auszugleichen, führte zu erneutem politischem Druck auf die Löhne. Händeringende internationale Lohnvergleiche gehören zum Standardritual der Wirtschaftspresse. Gewiß sind die deutschen Löhne hoch, sie gehören zu den höchsten der Welt, übertroffen nur noch von denen der Schweiz, Schwedens und Japans – inzwischen der Spitzenreiter auf der Lohnleiter.[15] Doch sie sind zu niedrig, gemessen an der Produktivität der deutschen Wirtschaft, zu niedrig, um unserer Industrie eine angemessene Inlandnachfrage zu sichern. Entscheidend für die Konkurrenzfähigkeit sind die Lohnstückkosten. Und die sind 1980–85 in Deutschland in Landeswährung um 21 Prozent und wechselkursbereinigt um 20 Prozent hinter denen der anderen Industriestaaten zurückgefallen.[16] Sie liegen längst auch niedriger als z. B. in Italien, Belgien, England, den Niederlanden, Spanien und Österreich.[17]

Doch auch der sensationelle Terraingewinn auf den Auslandsmärkten war bei weitem zu schwach, die von der deutschen Niedriglohnpolitik im Inland verursachte Nachfrageschwäche auszugleichen. Die Arbeitslosenarmee wuchs rasch auf 2,3 Millionen und verharrt bekanntlich trotz eines bereits fünfjährigen Aufschwungs auf diesem Stand – ungeachtet der Tatsache, daß es zwischenzeitlich gelungen war,

etwa 300000 Ausländer wegzuekeln oder heimzuzahlen. Hinzu kommt eine immer noch »stille Reserve« von ca. 1,2 Millionen nichtoffiziellen Arbeitslosen.
Ebenso wie 1924–29 in den USA hat auch in der Bundesrepublik der 80er Jahre der Staat nicht dazu beigetragen, das von der Umverteilung herbeigeführte Nachfragedefizit zu mindern. Er hat das Nachfrageproblem im Gegenteil noch mit einem rigorosen Sparkurs verschärft. In 5 Jahren, 1981–86, wurde das Staatsdefizit von 4,8 auf 2,2 Prozent des Volkseinkommens gedrückt. Ohne die Zinslast auf die aufgelaufene Verschuldung hätten die öffentlichen Haushalte 1986 mit einem Überschuß von 15 Milliarden Mark abgeschlossen. Die staatlichen Investitionen wurden 1980–84 um 27 Prozent gekürzt – und damit etwa dreieinhalbmal so stark wie die der privaten Wirtschaft in der Depression der frühen 80er Jahre.

»Westdeutschland enttäuscht«

Längst löst der engstirnige Kurs der deutschen Wirtschafts-, Finanz- und Geldpolitik im Ausland nur noch Kopfschütteln aus. Im Sommer 86 sinnierte die »Financial Times« unter der Schlagzeile »Westdeutschland enttäuscht« über die »erschütternd schwache Leistung Westdeutschlands«[18]:
»Alles schien dieses Jahr zum Vorteil der Deutschen zu arbeiten. Und die Hoffnungen waren hoch, daß nach fünf Jahren schmerzhafter ›struktureller Anpassung‹ ihr Land endlich in der Verfassung wäre, die wirtschaftliche Führungsrolle zurückzugewinnen, die es so oft innegehabt hatte, bis seine Wachstumsraten in den 80er Jahren kollabiert sind. In der Jahresmitte 1986 wird es jedoch für die meisten unabhängigen Analytiker, wenn nicht für die Bonner Regierung selbst, zunehmend klar, daß Deutschland es verfehlt, auf die günstigen Umstände zu reagieren. Was zum Bannerjahr einer kraftvollen Expansion hätte werden sollen, erbringt für

Deutschlands Wirtschaft ein Wachstum von kaum mehr als drei Prozent. Das löst beunruhigende Fragen aus, nicht nur für die Deutschen, sondern auch für den Rest der Welt...«
Das Beunruhigende liegt für die »Financial Times« genau darin, daß der dürftige Erfolg der Deutschen die neokonservative Rezeptur falsifiziert:
»Deutschland hat in den letzten Jahren systematischer als jedes andere Land jene Anti-Inflationspolitik vorangetrieben, die heute das offizielle volkswirtschaftliche Denken dominiert. Deutschland bietet das bestkontrollierte Experiment für die Politik mittelfristiger Konsolidierung des Staatshaushaltes, das es wohl je geben wird. Kann Deutschland nach vier Jahren stringenter Anwendung als Prüfstein dieser Politik gelten?«
Als Ursache dieser deutschen Fehlentwicklung erkennt die »Financial Times« das Abwürgen der inländischen Kaufkraft:
»Deutschlands enormer Überschuß in der Zahlungsbilanz ist der glaubhafte Beweis, daß seine Industrie hochgradig konkurrenzfähig und seine dürftige Leistung zumindest zum Teil der schwachen Inlandnachfrage zuzuschreiben ist. Ebenso wie ein Defizit der Zahlungsbilanz beweist, daß eine Nation mehr konsumiert, als sie erzeugt, so zeigt ein großer Überschuß, daß sich ein Land weit mehr leisten kann an Konsum und Investitionen. Die reale Inlandnachfrage war in Deutschland im ersten Quartal 86 niedriger als 1980. Dieser Sachverhalt erklärt zum guten Teil die Enttäuschungen über Deutschlands Wirtschaftsleistung – und den wohl noch wachsenden Druck seiner Handelspartner.«
Und in einem Appell an Finanzminister Stoltenberg nach dem Börsenkrach, abgedruckt in der »ZEIT«, warnt Helmut Schmidt vor den Gefahren und Fehlentwicklungen, die auf uns zu kommen, wenn die Bundesrepublik fortfahre, *unter* ihren Verhältnissen zu leben[19]. Unverkennbar hat die libe-

ralkonservative Bundesregierung die Klientel der Kapitaleigner in einem Ausmaß begünstigt, daß diese die deutsche Wirtschaftsentwicklung empfindlich schädigt und damit letztendlich zum Nachteil auch der Kapitaleigner ausschlägt.
Wenn ausländische Arbeitnehmer deutsche Waren kaufen wie nie zuvor, ihr Absatz aber im Inland stockt, so sind die deutschen Löhne unverkennbar nicht zu hoch, sondern zu niedrig. Denn das Abkoppeln der Deutschen von der Lohnentwicklung der westlichen Welt spiegelt sich eindrucksvoll in den Auftragsbüchern der Wirtschaft. In den Konsumgüterindustrien z. B. liegt der Auftragseingang aus dem Ausland real um 41 % *über* dem Stand von 1980, der Auftragseingang aus dem Inland dagegen noch um 4 Prozent *darunter*[20]. Und es spiegelt sich – weit bedrohlicher – im investiven Engagement. Die deutsche Wirtschaft steht fürwahr glänzend im Gelde. »Bilanz der Bilanzen: Die Kassen sind prall gefüllt«, übertitelte die »Süddeutsche Zeitung« ihren Report über die Gewinnrunde 86[21]. Der Staat tat das seine dazu: Trotz kräftigem Gewinnzuwachs sind die von den Unternehmen gezahlten Steuern 1986 gesunken.
Doch beim Investieren fehlt das rechte Feuer. Die Wirtschaft hat zwar reichlich Geld, aber sie hat kein *Motiv*, ihre Kapazitäten auszudehnen. Noch immer lagen die Anlageinvestitionen 1985 um sechseinhalb Prozent unter dem Stand von 1980 – eine Situation ohne Parallele in den großen Industriestaaten[22]. In den Aufschwungjahren 1984 und 1985 ist in der Verarbeitenden Industrie, dem Kernbereich der deutschen Wirtschaft, das Sachanlagevermögen der Aktiengesellschaften noch *geschrumpft*. Und 1986 schließlich verzeichneten die deutschen Unternehmen insgesamt einen *positiven* Finanzierungssaldo: Ihre eigenerwirtschafteten Mittel übertrafen die Bruttoinvestitionen um 15 Prozent. Diese Situation ist für ein Jahr der Hochkonjunktur schlicht pathologisch.

Trotz eines wahren Heißhungers an den Börsen nach neuen Aktien und einer Dauerpropaganda für »Risiko-Kapital« waren die deutschen Aktiengesellschaften kaum an neuem Geld interessiert. Nicht einmal ein Zehntel des Wertanstiegs deutscher Aktien 1982–86 erklärt sich aus Neuemissionen. Und in diesem geringen Anteil sind noch große Umwandlungen wie Flick (ca. 5,3 Milliarden) und Springer enthalten, mit denen Privatiers ihre Familienkonzerne versilbert haben und die folglich keinerlei reale Investitionen andeuten. (Bei Aktienemissionen im Zuge der Umwandlung von Privatfirmen wird das Betriebsvermögen nicht erweitert, sondern ausgetauscht.) Kaum je wieder werden Deutschlands AGs so billig zu Kapital kommen können wie zur Zeit der Höchstkurse vor dem Crash. Doch sie brauchten das Geld schlicht und einfach nicht. Das spiegeln eindrucksvoll ihre Bilanzen (vgl. Tabelle 13). In der Tat sind ihnen Gelder im Übermaß zugeflossen. Das zeigt sich nicht nur im offiziellen Gewinn und im kräftigen Zuwachs des Eigenkapitals in nur drei Jahren, 1982–85, um 27 Prozent oder 25 Milliarden. Ein Großteil der realen Gewinne wird aus Gründen der Steuervermeidung in die steuerfreien »Risiko-Rückstellungen« eingebracht. Und die sind in diesen drei doch recht risikoarmen Jahren um 49 Prozent oder 16,5 Milliarden aufgestockt worden. Hinzu kommt dann noch ein Zuwachs von 18 Milliarden beim Pensionskapital, das ja gleichfalls der Firma langfristig zur Verfügung steht und von den Banken bei der Bonitätsprüfung als »graues Eigenkapital« gewertet wird.
Doch verwendet wurde diese Geldflut statt für Arbeitsplätze und Investitionen für den Aufkauf in- und ausländischer Firmen (sogenannte »Finanzanlagen«, vgl. Tabelle 15), für zinsbringende oder spekulative Anlagen auf den Geldmärkten des In- und vorwiegend des Auslandes (sogenannte »Liquidität, vgl. Tab. 13) und zur Rückgabe von Bankenkrediten.

Tabelle 13

Finanzen und Investitionsverhalten der Aktiengesellschaften in der Verarbeitenden Industrie (ausgewählte Bilanzzahlen)

(Angaben in Mrd. DM und in Prozent des Bilanzkapitals)

	1974	1982	1984	1985
Eigenkapital				
Mrd. DM	66,1	90,6	102,4	115,3
in Prozent	30,0 %	28,7 %	29,6 %	30,8 %
Bankenkredite und Anleihen				
Mrd. DM	37,4	30,2	24,2	25,6
in Prozent	16,9 %	9,6 %	6,6 %	6,8 %
Rückstellungen				
Mrd. DM	38,4	78,4	101,7	112,9
in Prozent	17,4 %	25,0 %	29,1 %	30,2 %
davon: Pensionsrückstellungen				
Mrd. DM	18,3	44,6	56,2	62,7
in Prozent	8,3 %	14,2 %	16,2 %	16,7 %
andere Rückstellungen				
Mrd. DM	20,1	33,8	45,5	50,3
in Prozent	9,1 %	10,8 %	13,1 %	13,4 %
Nettozinskosten in Mrd. DM[a]	2,18	1,85	−0,77	−1,39
Sachanlagen				
Mrd. DM	65,6	73,9	72,1	77,4
in Prozent	29,8 %	23,6 %	20,7 %	20,7 %
Finanzanlagen				
Mrd. DM	28,4	42,2	51,2	56,2
in Prozent	12,9 %	13,5 %	14,7 %	15,0 %
Liquidität (Bankkonten, Kasse Wertpapiere usw.)				
Mrd. DM	12,7	23,5	38,6	44,5
in Prozent	5,8 %	7,5 %	11,1 %	11,9 %

Quellen: Fachserie 2 Reihe 2.1 des Statistischen Bundesamtes

a) Ein Minuszeichen bedeutet, daß die Zinserträge die Zinskosten übersteigen.

Heiratsfieber

Das Firmenfressen hat hierzulande noch nicht die amerikanischen Dimensionen erreicht, doch die Reise geht eindeutig in diese Richtung. Jahr für Jahr seit 1983 gewann das Fusionskarussell an Fahrt. 788 Firmen sind vom Januar bis November 87 geschluckt worden. Das hat die Nachfrage nach Aktien und damit die Börsenkurse nach oben getrieben. Die Ursachen der Freßwelle in der deutschen Unternehmenslandschaft sind die gleichen wie in Amerika: zuviel Geld und zuwenig Gegenwehr gegen das Auswuchern von Marktmacht. Auch hierzulande ist der Modetrend der »Deregulierung« durchgeschlagen in eine laxe Haltung beim Schutz des freien Wettbewerbs und in eine »Big is beautiful«-Stimmung. Parlament und Gerichte sind in Sachen Konzernmacht inzwischen sehr milde gestimmt, und die Kartellwächter wagen sich kaum noch aus ihrer Höhle.

»Die Gerichtsentscheidungen in den Fällen Coop/Wandmaker und Metro/Kaufhof haben sichtlich das Stauwehr gegen die Fusionsflut im Lebensmittelhandel geöffnet ... So hoch die Fusionswelle in diesem Jahr schwappt, so gering blieben die Interventionen des Bundeskartellamtes: Ganze dreimal – betroffen waren die beiden Pressekonzerne Springer und WAZ – untersagte das Amt eine Unternehmenshochzeit ... Gegen überhöhte Preise vorzugehen, hat das Amt angesichts der hohen Beweishürden, die die Gerichte ... auftürmen, sichtlich ohnehin schon aufgegeben... Aber man kann sich bei diesen Zahlenverhältnissen und angesichts einiger anderer Gerichtsentscheidungen zur Wettbewerbspolitik des Eindrucks kaum erwehren, daß die Schwerter des Kartellamtes an Schärfe verloren haben«, so die im Wirtschaftsteil durchaus konservative »Süddeutsche Zeitung«. Und:

»Ein zweiter Grund bzw. eine Voraussetzung für das ›Heiratsfieber‹ in der deutschen Wirtschaft liegt wohl in der Entwicklung der Unternehmenserträge. Die ›Kriegskassen‹ sind in weiten Teilen der Unternehmenslandschaft prall gefüllt, mancher Konzern strotzt nur so von Liquidität ... Nicht wenigen Firmen scheint es an Phantasie und Risikobereitschaft zu fehlen, die ›Kriegskasse‹ einzusetzen, um... neue Produktionen und Dienstleistungsangebote aufzubauen. Statt auf die Fähigkeiten ihrer eigenen Mitarbeiter zu vertrauen und aus sich heraus zu wachsen, kauft man sich gewissermaßen in benachbarte Branchen, neue Trends und Märkte ein.«[23]

Doch unverkennbar ist es weniger der Mangel an Phantasie als die Nachfrageschwäche in Deutschland, welche die Wirtschaft von der Schaffung neuer Kapazitäten und Arbeitsplätze abhält.

Ungeachtet der deutschen Fusionsrekorde – es blieb noch genug an Kapital übrig, um auch an der Wallstreet kräftig mitzumischen. Der Woge der deutschen Exporte folgte die Flut der Firmenkäufe. Da ist ja nicht nur der schon erwähnte Fünfeinhalb-Milliarden-Deal Hoechst-Celanese. Die BASF hat sich 1985 den Farbenkonzern Inmont Corporation einverleibt – Kaufpreis drei Milliarden Mark – und dazu noch die American Enka Corporation. 1986 folgte der Kühlmittelkonzern Conoco Incorporated. Bayer kaufte 1987 die Wyrough & Loser Inc. / Trenton, der Henkel-Konzern 1986 die Oxy Process Chemicals Inc. und die Parker Chemical Company. Siemens legte sich 1985 die Pace Setter Systems zu und die Peltron & Crane Company, 1986 die GTE Telecommunications Inc. Delaware und die Firma Poller & Brumfield in Princetown. Bertelsmann riß 1986 den Schallplattenriesen RCA Ariola New York an sich und die Doubleday & Co Inc. New York. 1987 folgte der Book Club Associates New York. Quandt kaufte 1987 eine Data Card

Corp. Minneapolis usw. usw.[24] Doch zu Hause in der Bundesrepublik fehlt es angeblich an Kapital für Investitionen und Arbeitsplätze.

Geldexport

Trotz des größten Firmenfressens, das die deutsche Industrie dies- und jenseits der Grenzen je gefeiert hat – weit mehr noch an Kapital wurde unproduktiv vergeudet für zinsbringende Anlagen auf den Geldmärkten oder zur Rückgabe von Krediten (vgl. Tabelle 13). Bei den AGs der exportstarken Autoindustrie, Chemie und Elektrotechnik ist der Gebrauch von Bankenkrediten und Anleihen bis zur Bedeutungslosigkeit geschrumpft: Bilanzanteil 1985 3,3 Prozent(!) – gegenüber 16,7 Prozent im Jahr 1974. Die Hoechst AG z. B. hat sich 1976 noch zu 29,3 Prozent mit geborgtem Geld finanziert. Jetzt sind es gerade noch 2,0 Prozent.

Das ist keineswegs ein Beweis unternehmerischen Könnens. Im Gegenteil lernt jeder Student der Betriebswirtschaft, daß es eine optimale Verschuldung gibt, bis zu der die Profitrate steigt. Denn eine Firma ist eine Institution, die über eine gewisse Summe an eigenem Kapital verfügt, mit diesem Eigenkapital als Sicherheit Kredite einwirbt und damit Gewinne erwirtschaftet, die über den Zinskosten für die Kredite liegen. Wenn dieses Grundschema der wirtschaftlichen Verwertung von Sparkapital nicht mehr funktioniert, so liegt einiges im argen. Und wie die blendenden Gewinnraten zeigen, ist das keineswegs der Kostendruck durch Löhne oder Sozialleistungen.

Die augenfälligste Abwegigkeit im Firmenverhalten freilich ist die enorme Anhäufung an Barem – die Kanalisierung eines wachsenden Teils des Firmenvermögens auf die Geldmärkte des In- und Auslandes. Normalerweise wird in der

Tabelle 14
Auslandsvermögen von deutschen Wirtschaftsunternehmen und Privaten (in Milliarden DM, Saldowerte)

Mitte 1982	29,1 Mrd. DM
Jahresende 1982	40,6 Mrd. DM
Jahresende 1983	59,7 Mrd. DM
Jahresende 1984	99,2 Mrd. DM
Jahresende 1985	125,2 Mrd. DM
30. 6. 1986	159,9 Mrd. DM

(Quelle: Bundesbank Monatsbericht 10/86)

Wirtschaft das Sparkapital der Nation zum Arbeiten gebracht. In Deutschland haben sich die Verhältnisse inzwischen umgekehrt. Seit 1983 schon haben die AGs der Verarbeitenden Industrie selbst mehr Geld verborgt als geliehen, und seit 1984 übertreffen ihre Zinsgewinne aus außerhalb der Firmen auf die hohe Kante gelegtem Geld die eignen Zinskosten – eine paradoxe und in der deutschen Industriegeschichte völlig neue Situation. 37,2 Milliarden wurden von deutschen Firmen 1986 allein im Saldo ihrer Finanzkredite ins Ausland verbracht, davon der Löwenanteil auf Off-shore-Geldmärkte wie London, Luxemburg und in karibischen Steueroasen – Zwischenstationen vermutlich auf dem Weg des Geldes in die USA. Das Auslandvermögen von deutschen Unternehmen und Privaten hat sich in vier Jahren schlicht verfünffacht – von 29 auf 160 Milliarden.
Dazu kommen dann noch die explosionsartig wachsenden Auslandsanlagen deutscher Banken. 121 Milliarden haben sie in den letzten 30 Monaten (1. 1. 84–30. 6. 87) im Saldo aus der Bundesrepublik abkanalisiert. Diese Summe übertrifft den Bilanzwert aller Maschinen, Anlagen, Grundstücke und Gebäude der vier wichtigsten deutschen Industriezweige – Maschinenbau, Autoindustrie, Chemie und Elektrotechnik – zusammengenommen mit ihren 3,4 Millionen Arbeitsplätzen. (Nach dem jüngsten Bericht der Bank

für Internationalen Zahlungsausgleich in Basel sind die deutschen und die Schweizer Banken die einzigen, die 1986 im Saldo Geld in die Off-shore-Finanzmärkte eingespeist haben.) Am Jahresanfang 1984 hatten deutsche Unternehmen und Banken 34 Millionen mehr ins Ausland verborgt als von dort geliehen. In 30 Monaten – bis zum 30. 6. 87 – ist diese Summe auf das Fünftausendfache angewachsen, auf 173 Milliarden. Das ist mehr als die Gesamtheit der im letzten Quartal in der Bundesrepublik gezahlten Nettolöhne und -gehälter.

Der Saldo der deutschen Kapitalbilanz weist für 1986 einen Kapitalabstrom aus der Bundesrepublik von 69 Milliarden Mark aus. Das sind 83 Prozent des Umverteilungsertrages von den Löhnen zu den Gewinnen, der sich für 1986 aus der veränderten Verteilung des Volkseinkommens gegenüber 1981 ergibt (vgl. Tabelle 11). Das den Lohnabhängigen im Vollzug der neokonservativen Wende abgesparte Geld ist folglich fast vollständig ins Ausland entschwunden.

Diese deprimierende Entwicklung ist das logische Resultat volkswirtschaftlicher Fehlsteuerung. Wo sonst, wenn nicht im Ausland, soll das Sparkapital einer Nation eigentlich angelegt werden, wenn die Industrie wegen gedrückter Inlandnachfrage selbst spart, statt zu investieren, und zugleich der staatliche Sparfanatismus auch die Nutzung von Kapital durch die öffentlichen Hände auf das Unvermeidbare zusammenkürzt?

Vom Sinn der Hochzinsen

Etwas läuft falsch in der Steuerung der Wirtschaft, wenn Firmen nichts besseres mehr mit ihrem Geld anzufangen wissen, als es zinsbringend zu verborgen. Solcherlei Fehlentwicklung erklärt sich nicht nur aus der Schwächung der

Nachfrage, sondern zum guten Teil aus den Hochzinsen, wie sie seit Beginn der Ära Reagan auch in Deutschland üblich geworden sind. Wenn ein Firmenchef mühelos und ohne Risiko auf sein Geld von der Bank nahezu den gleichen Gewinn bekommt, den er mit Ideen, Arbeitseinsatz und unter Risiken für Realinvestitionen bekäme, so ist die Entscheidung für den leichten und risikoarmen Weg verstehbar. Und wenn umgekehrt bei kreditfinanzierten Investitionen die Zinsen für das geborgte Geld fast genauso hoch sind wie der bei schönem Konjunkturwetter erwartete Gewinn aus diesen Investitionen und wenn zudem auch noch die Zinssätze heftig und unkalkulierbar schwanken, so wird er auf diesen Kredit lieber verzichten.

Gerechtfertigt worden waren die von der Bundesbank verordneten Hochzinsen zum ersten mit der Notwendigkeit, den Zinssätzen in New York hinterherzuziehen, um einen Kapitalabfluß nach Amerika zu verhindern. Zum zweiten sollte damit die Inflation gebrochen und die Geldwertstabilität gesichert werden. Daß damit zugleich die Investitionen erstickt wurden – man nahm es in Kauf. Die Wirtschaft erlebte 1979–81 den schwersten Gewinneinbruch der Nachkriegszeit. 98 Prozent dieses Gewinneinbruchs erklären sich direkt aus den gestiegenen Zinslasten der Unternehmen. Die Konjunktur wurde abgewürgt, der Kapitalabfluß nicht verhindert. Das Geld strömte nach Amerika, obwohl die deutschen Realzinsen 1981 deutlich über den amerikanischen Sätzen lagen.[25]

Auch die zweite Begründung der Hochzinspolitik überzeugt nicht mehr. Inzwischen haben wir die niedrigste Inflationsrate der Welt und der jüngeren Geschichte. 1986 erlebten wir zum ersten Mal seit der Weltwirtschaftskrise der 30er Jahre wieder eine Deflation. (Die Inflationsrate war kleiner als Null.) Doch die entscheidenden *Real*zinsen – Zinssätze minus Inflationsrate – erreichten Ende 1986 mit sechsein-

halb Prozent einen historischen Rekord, und sie liegen jetzt mit über fünf Prozent noch immer sehr hoch.
Das lange Beharren der Bundesbank auf einer längst nicht mehr begründbaren und volkswirtschaftlich katastrophalen Hochzinspolitik legt die Vermutung nahe, daß hier noch andere Motive eine Rolle spielen. In der Tat hat diese Politik Konsequenzen, über die sich die Wirtschaftspresse ausschweigt:
Zum ersten: Je höher die Zinsen für Kredite, ein desto größerer Teil der Wertschöpfung in den Unternehmen fällt als »Fremdkapitalkosten« an die Banken. Dieser Teil der Wertschöpfung ist von vornherein der tarifpolitischen Verteilungsmasse entzogen. Denn bei Tarifverhandlungen kann nur über die Verteilung des Einkommens zwischen Löhnen und Gewinn gestritten werden und nicht über Gelder, die bereits vorher an die Banken abgeflossen sind. Schleichend wird auf diese Weise das Volkseinkommen von den Löhnen zu den Kapitalerträgen umverteilt.
Zum zweiten: Die deutsche Wirtschaft borgt sich seit den frühen 80er Jahren einen Großteil des benötigten Geldes im Ausland. 97,5 Milliarden waren es im Herbst 1987. Besonders beliebt sind dabei Off-shore-Finanzzentren. Dort findet eine Besteuerung der Gewinne de facto meist nicht statt. Damit ist der als Zinskosten dorthin gezahlte Teil der Wertschöpfung deutscher Unternehmen zugleich auch der Besteuerung entzogen – zunächst der deutschen und, sofern es sich um faktische Steueroasen handelt, jedweder Besteuerung überhaupt. Denn die Bundesrepublik hat keine Quellensteuer auf Zinszahlungen ins Ausland.
Dieser Einnahmeausfall der Staatskassen muß ausgeglichen werden. Das geschieht entweder mit einem direkten Zugriff auf die Lohnabhängigen über die Lohn- und Mehrwertsteuer, oder der Staat borgt sich das Geld zum Füllen dieser Finanzlücke. Die Zinslasten aus der wachsenden Staatsver-

schuldung wieder tragen die einzigen verläßlich greifbaren Steuerzahler – Lohnempfänger und Verbraucher.
Zum dritten: Auf dem Geldmarkt ist der Staat selbst der mit Abstand größte Kunde. Mindestens vier Fünftel der 1986 in Deutschland emittierten festverzinslichen Wertpapiere wurden vom Staat ausgegeben. Am Gesamtumlauf ist er mit einer Dreiviertel Billion – mehr als zwei Drittel des Gesamtbestandes – dabei. Treibt die Bundesbank oder in den USA die FED die Zinssätze nach oben oder die Inflation nach unten, so steigen zugleich die realen Zinskosten der öffentlichen Hände. Hochzinspolitik ist damit eine Selbstverarmung des Staates zugunsten derjenigen, die reich genug sind, dem Staat Geld zu borgen, und zu Lasten derjenigen, die mit ihren Steuern die Zinsen für diese Kredite begleichen.
Es lohnt, sich eine Orientierung über die Größenordnung dieses in der Öffentlichkeit unbeachteten Selbstverarmungseffektes der Hochzinspolitik auf die Staatskasse zu verschaffen. Er vollzog sich im letzten Jahrfünft unter der gefälligen Etikette einer Dämpfung der Inflation. Die Renditen der Festverzinslichen sind 1982–86 kräftig gefallen, von 9,1 auf 6,0 Prozent. Doch weil zugleich die Inflation noch stärker gedrückt wurde, stieg die reale Rendite von 3,8 auf 6,2 Prozent. Fast alle Schuldenpapiere der öffentlichen Hand haben Laufzeiten von vier Jahren und länger. Bei einem Gesamtumlauf von öffentlichen Anleihen und Kommunalobligationen 1982 von 430 Milliarden und 1986 von 754 Milliarden lassen sich die Kosten des verteuerten Zinsdienstes allein für 1986 grob auf 12 bis 15 Milliarden Mark schätzen. Zum Vergleich: Das Bundesdefizit lag im gleichen Jahr bei 23,3 Milliarden, die Gesamtsumme des in der Bundesrepublik gezahlten Arbeitslosengeldes bei 14,9 Milliarden.
Hinzu kommt eine weitere deutsche Besonderheit: Die Ge-

winne aus Kapitaleinkünften und damit auch die Zinszahlungen auf Staatsschuldenpapiere sind faktisch steuerfrei. Denn im sogenannten »Bankenerlaß« hat der Finanzminister den Steuerbehörden untersagt, die Angaben der Steuerbürger über ihre Kapitalgewinne nachzuprüfen. So überrascht es eben nicht, daß zufolge der Stichprobenuntersuchungen des Bundesrechnungshofes allenfalls ein Drittel der Einkünfte aus großen Kapitalvermögen (oberhalb eines jährlichen Zinsgewinns von 50000 Mark) der Steuer gemeldet wird. Der geschätzte Steuerausfall erreicht etwa die Hälfte des Defizits im Bundeshaushalt 1986.

Damit ist die Bundesrepublik die einzige Steueroase für Zinsgewinne innerhalb der Gemeinschaft der großen Industriestaaten. Diese Situation ändert sich auch nicht entscheidend mit der für 1990 geplanten Quellensteuer auf Zinsen von zehn Prozent. Denn auch das ist nur ein Bruchteil des in anderen Staaten wie der Schweiz und den USA Üblichen. In einem offenen Brief hatte der Bundesrechnungshof Finanzminister Stoltenberg aufgefordert, für eine angemessene Besteuerung der Zinseinkünfte zu sorgen. Doch die Koalitionsmehrheit hat es im zuständigen Bundestagsausschuß abgelehnt, auch nur ein unabhängiges Institut mit der Abschätzung der Steuerverluste zu beauftragen.

Der Gipfel des politischen Zynismus: Nunmehr ist geplant, diese deutsche Absurdität in Gesetzesform zu gießen. Nicht nur per Erlaß, sondern kraft Gesetz soll der permanente Gesetzesbruch seitens der Oberschicht abgesichert, soll es den Finanzämtern verboten werden, nachzuprüfen, ob jemand bei den Gewinnen aus seinem Kapitalvermögen Steuern hinterzieht.[26]

Zugleich ist mit der Hochzinspolitik die unternehmerische Initiative geschwächt und ein Rentiers-Kapitalismus gefördert worden, dessen Schädlichkeit kaum überschätzt werden kann. Doch solange der Umverteilungsgewinn höher ausfällt als die Gewinnminderung infolge der hochzinsbedingten Wachstumsschwäche, so lange ist die Wirtschaftsflaute in der Bundesrepublik ein gutes Geschäft. Freilich ist das Hochzinsniveau eine der Ursachen für den Börsencrash. Wie im ersten Kapitel gezeigt, erreichten die Aktienrenditen 1986 nicht einmal mehr ein Drittel des Gewinns, den die Festverzinslichen abwarfen.

VI
Diagnose der Weltwirtschaft

Beide Krisen, die von 1929 und die jetzt drohende, sind von gleicher Art und Ursache. Es sind Unterkonsumptionskrisen. Sie erklären sich aus einer Schwäche der Nachfrage, verursacht von einer überzogenen Umverteilung des Volkseinkommens. Beide Male hat diese Umverteilung zu einer starken Umlenkung von Kapital an die Börsen geführt und dort zu einer spekulativen Überhitzung, die jeweils bis zum Infarkt der Aktienkurse hochgetrieben wurde. Doch Bonn klammert sich an eine völlige Unvergleichbarkeit der Jahre 1929 und 1987. Der entscheidende Unterschied: Die Weltwirtschaft sei gesund und befinde sich heute in grundsolider Verfassung: »Dem Börsenkrach folgt nicht die große Krise«, übertitelte denn auch die Presse die Berichte über das Herbstgutachten der fünf führenden deutschen Forschungsinstitute. Werfen wir deshalb einen Blick auf diese grundsolide Weltwirtschaft: Ebenso wie 1929 haben wir ein unlösbares internationales Verschuldungsproblem – diesmal freilich von anderer Dimension. Damals war es das von Reparationen gebeutelte Deutsche Reich. Diesmal ist die Dritte Welt in einem so unvorstellbaren Ausmaß überschuldet, daß jede Hoffnung auf Begleichung der Zinsen geschweige auf Rückzahlung ein eitler Traum ist. Wir haben infolgedessen eine Schwelkrise der Bankenwelt. Es war diese offene Flanke der Weltwirtschaft, von der aus die Fachleute am ehesten den großen Crash erwartet haben.

Zugleich ist – im scharfen Kontrast zu 1929 – die führende Wirtschaftsmacht der Welt in beängstigender Dimension in den roten Zahlen. Wir haben extreme Ungleichgewichte im Außenhandel: Japan und Deutschland fahren sinnlose Exportüberschüsse ein – und das nicht nur gegenüber den USA. Das Handelsdefizit der EG-Partner gegenüber den Deutschen ist doppelt so groß wie ihr Defizit gegenüber Japan. Wir haben zugleich Schwankungen der Wechselkurse wie seit der Währungsreform nicht mehr. Bei starken und dauerhaften Schräglagen im Handel sind stabile Geldwert-Paritäten nun mal nicht zu haben.

Wir haben im Unterschied zu 1929 einen von staatlicher Aufsicht und Kontrolle entfesselten, hochspekulativen und hochnervösen internationalisierten Geldmarkt. Wir haben weltweit Staatsdefizite einer früher nicht gekannten Dimension. Wir haben in einigen Industriestaaten geschwächte Gewerkschaften. Wir haben hierzulande schon im Zenit der Konjunktur doppelt soviel Arbeitslose wie in den vergangenen Jahrzehnten im Depressionstief. Und die Realzinsen gehören zu den höchsten der Industrieepoche. Wie wirkt das alles zusammen?

Die in der Nachkriegszeit erfolgreich praktizierte Krisenpolitik besteht aus drei Grundkomponenten: Mit Arbeitslosengeld wird ein allzu starkes Schrumpfen von Kaufkraft und Nachfrage verhindert und damit der Selbstverstärkungsmechanismus der Krise gebremst. Mit Staatsaufträgen, für U-Bahnen, Umweltschutz oder auch für die Rüstung, wird das Investitionsdefizit der Wirtschaft gemildert. Mit einer Absenkung der Zinsen werden zum ersten Kredite und damit Investitionen verbilligt. Zum zweiten sinkt bei Niedrigzinsen die Attraktivität des Sparens. Die Verbraucher geben mehr aus und sichern damit zusätzliche Nachfrage. Und schließlich tragen die Gewerkschaften Sorge, daß nicht die Konkurrenz der Arbeitslosen das Lohnniveau zum Abrutschen bringt. Heute ist diese klassische Strategie der Krisenbewältigung teils blockiert oder in ihrer Wirksamkeit geschwächt, teils ungleich schwerer durchsetzbar als früher.

Die hohe Arbeitslosigkeit schon im Zenit der Konjunktur belastet die Staatskassen. Die Staatsdefizite schränken die weitere Verschuldungsfreudigkeit der Regierungen empfindlich ein. In allen EG-Staaten außer der Bundesrepublik und Frankreich übersteigt die öffentliche Schuldenlast bereits vor Krisenbeginn die Hälfte des Sozialprodukts. Kreditfinanzierte Konjunktur- und Arbeitsbeschaffungsprogramme sind in diesem Klima nur mühsam durchzusetzen, Kürzungen der Sozialleistungen statt dessen das Dauerprogramm der Konservativen.

Zugleich jedoch gerät ein weiteres Anwachsen der Arbeitslosigkeit rasch zur Bedrohung der wirtschaftlichen und politischen Stabilität. Schon 1987 waren in Holland und England 18 Prozent der Menschen unter 25 Jahren arbeitslos, in Frankreich 26 Prozent und in Italien 42 Prozent. Bei einer Jugend ohne sozialen Besitzstand und Perspektive, die infolge ihrer Arbeitslosigkeit kaum eingebunden ist in Gewerkschaften oder andere Organisationen, in denen sie ihre Bedürfnisse »sozialkonform« artikulieren und kanalisieren kann, steigt die Anfälligkeit für härtere, auch gewaltsame Protestformen. Sie bietet ein Potential für terroristische und neofaschistische Strömungen. Diese Gefahren werden verstärkt durch hohe regionale und soziale Konzentration der Arbeitslosigkeit. Überhitzter Jugendprotest, von interessierten Kreisen in vandalistische oder terroristische Richtung gesteuert, droht dann wieder etablierte Wählerschichten rechtspopulistischen Law-and-Order-Bewegungen in die Arme zu treiben. Und rasch kann die Arbeitslosenarmee zu Größenordnungen anwachsen, wo die Fähigkeit von Gewerkschaften schwindet, die Löhne der

Beschäftigten gegen die Konkurrenz von Arbeitslosen zu verteidigen (ein Sachverhalt, den Starökonomen der Bundesrepublik in diversen Gutachten für die Bundesregierung inständig herbeiwünschen). Ein deutliches Absinken des Lohnniveaus und damit der Kaufkraft würde die Wirtschaft rasch tiefer in die Depression reißen und die Arbeitslosigkeit katastrophal verstärken.

Gewerkschaften in Bedrängnis

Der klassische Krisenlösungsmechanismus im 19. Jahrhundert war ein Nachfrageschub infolge Preisverfall. Aufgrund verschärfter Konkurrenz sind in den Depressionen die Preise schließlich stärker gesunken als die Löhne. Das hat zu automatisch steigenden Reallöhnen geführt, mit der die Konjunktur wieder nach oben gerissen wurde.
Dieser Mechanismus hat schon 1929–33 weder in den USA noch in Deutschland funktioniert – teils vermutlich aufgrund der Marktmacht von Konzernen, die auch bei Nachfrageverfall die Preise halten können, und teils aufgrund geschwächter Gewerkschaften. Die Preise fielen langsamer als die Löhne. Diese beiden Länder wurden denn auch mit Arbeitslosenquoten um 25 Prozent von der Krise stärker heimgesucht als der Rest der Welt. Die Briten dagegen, die bereits mit einer hohen Sockelarbeitslosigkeit in die Weltwirtschaftskrise eingetreten waren, kamen glimpflich davon. Die Arbeitslosenquote stieg auf lediglich 17,6 %. (Das sind nur 4 Prozent mehr als im neokonservativen Boomjahr 1985). Starke Gewerkschaften waren in der Lage, die englischen Nominallöhne zu verteidigen. Deshalb gab es praktisch keinen zyklischen Abschwung der Konsumnachfrage und eine relativ rasche Erholung. Als erste der gewichtigeren Volkswirtschaften übertraf Großbritannien wieder den Vorkrisenstand der Industrieproduktion. Dieser Auf-

schwung wurde von der privaten Binnennachfrage getragen[1].

Da ein Absinken des allgemeinen Preisniveaus von Industriegütern seit Kriegsende nicht mehr beobachtet wurde, ist den Gewerkschaften heute die schwierigere Aufgabe abverlangt, die Nominallöhne in der Krise nicht nur zu verteidigen, sondern zu erhöhen, um den volkswirtschaftlich rettenden Reallohnanstieg durchzusetzen. Je stärker die drohende Depression und je höher die Sockelarbeitslosigkeit, desto mühsamer das Geschäft der Gewerkschaften. Doch in England, Frankreich, den USA, Italien und Japan sind sie bereits vor Krisenbeginn empfindlich geschwächt. Unter der Thatcher-Regierung wurden ihre Handlungsmöglichkeiten gesetzlich deutlich beschnitten. Zugleich haben sie drei Millionen Mitglieder eingebüßt – ein Viertel des gesamten Bestandes. In Italien verlor die größte Gewerkschaft ein Fünftel ihrer Mitgliederschaft, und in Frankreich ist der Organisationsgrad der Lohnabhängigen von ohnehin dürftigen 21 Prozent im Jahr 1975 bis auf 15 bis 17 Prozent 1983 abgerutscht. Japan schließlich ist laut »Handelsblatt« ein wahres »Paradies für Unternehmer«. Denn die wirtschaftliche Expansion hat die Zahl der Arbeitskräfte in den Großbetrieben kaum verändert. »Statt dessen wuchs die Bedeutung der Leih- und Zeitarbeit über Vermittlungsfirmen, die in ihren Verträgen oftmals eine Gewerkschaftsmitgliedschaft für unzulässig erklären.«[2] Und in den USA sind die Organisationen der Lohnabhängigen nach sieben Jahren Reagan-Revolution nur noch ein Schatten ihrer selbst. »Unfähig, ihre Zersplitterung zu überwinden, und von den Kampagnen der Unternehmer und der Reagan-Regierung bedrängt, sind die amerikanischen Gewerkschaften auf dem Weg in die Bedeutungslosigkeit«, berichtet das »Handelsblatt«[3]. Ihr Organistionsgrad, 1958 bei 33,2 Prozent, ist auf 20,8 Prozent gefallen. Die Gerichte haben das Streikrecht substantiell ausgehöhlt, und ohne Streikrecht ist die Tarifautonomie praktisch beseitigt, da die Arbeitnehmerseite in den Lohnverhandlungen über kein ernsthaftes Sanktionsinstrument mehr verfügt.[4].

Geschwächte Staaten

Der Keynesianismus wurde entwickelt, nachdem sich in der Krise von 1929–34 gezeigt hatte, daß in wichtigen Industriestaaten der Selbsterholungsmechanismus nicht mehr funktionierte. Keynesianische Wirtschaftssteuerung und Gewerkschaften haben in der Nachkriegsepoche Konjunktureinbrüche gemildert und verkürzt. Desto problematischer ist es, daß mit der Schwächung der Gewerkschaften auch der Keynesianismus unter politischen Dauerbeschuß geraten ist und zugleich auch seine Werkzeuge und Methoden an Wirksamkeit eingebüßt haben oder paralysiert wurden.

Das billigste Instrument der Konjunkturbelebung sind Zinssenkungen. Doch sie sind zum ersten wirkungslos, wenn sie nicht mit einer Expansion der Nachfrage einhergehen – sei es infolge von Lohnanstieg, sei es durch Staatsaufträge. Ein Unternehmer wird durch verbilligte Kredite ebensowenig wie durch Steuergeschenke zum Investieren verführt, wenn er keine Absatzchancen sieht. Zusätzliche Liquidität wird dann nur zum Kreditabtrag verwendet oder auf den Geldmärkten angelegt. Deshalb kann man zwar allein mit einem Anziehen der Zinsschraube eine Konjunktur abwürgen – wie 1980/81 geschehen –, nicht aber allein mit Zins- und Steuersenkungen für die Wirtschaft die Konjunktur wieder in Fahrt bringen. Genau das aber ist das Konzept der deutschen Bundesregierung. Zinsverbilligungen sind ein notwendiges, isoliert eingesetzt aber ein nutzloses Werkzeug im Instrumentarium der Konjunkturpolitik.

Zugleich ist der Spielraum der einzelnen Staaten für Zinssenkungen empfindlich eingeengt. Der heute so gründlich internationalisierte und »restliberalisierte« Geldhandel reagiert augenblicklich mit Kapitalflucht, wenn anderswo bessere Verzinsung winkt. Aussichtsreich ist nur eine gemeinsame Niedrigzinspolitik der Industriestaaten. Die aber ist aufgrund der Stabilitätsfanatiker in der Frankfurter Bundesbankzentrale und aufgrund des Kredithungers der USA wenig wahrscheinlich.

Der gleiche Sachverhalt – die internationale Leichtbeweglichkeit des Geldes – verhindert eine Finanzierung der notwendigen Konjunkturprogramme durch Steuererhöhung zu Lasten der ansehnlichen Gewinne auf Kapitalvermögen. Aufschläge bei den Lohn- und Mehrwertsteuern dagegen sind sinnlos, weil damit erneut die Nachfrage getroffen und damit die Konjunktur ein weiteres Mal geschwächt würde. So wird nur der kostspielige Weg wachsender Neuverschuldung mit noch rascher wachsenden Zinslasten debattiert.

Ein ähnlicher Mechanismus wechselseitiger Blockade wie bei der Zinspolitik schwächt heute die Bereitschaft der Regierungen, die Inlandnachfrage nach keynesianischem Muster anzufeuern. Infolge der in den letzten Jahrzehnten rapide gewachsenen Außenhandelsverflechtung der Nationen fällt ein großer Teil des Nachfragezuwachses auf Importe und ist damit im Inland konjunkturunwirksam. Zugleich wird die Konkurrenzfähigkeit auf dem Weltmarkt beeinträchtigt, soweit dieser Nachfragezuwachs auf gestiegene Lohnkosten oder Steuerlasten zurückgeht. Daraus folgt freilich mitnichten die Notwendigkeit eines Verzichts auf eine Belebung der Nachfrage, wenn die Wirtschaft in die Krise stürzt, sondern die Notwendigkeit, sich auf ein gemeinsames Vorgehen der Industrienationen zu verständigen. Doch eine international abgestimmte Konjunkturpolitik wird leicht destabilisiert durch einzelne parasitäre Außenseiter, die selbst einen restriktiven Sparkurs fahren

und sich am staatlich finanzierten Nachfrageschub der Handelspartner gütlich tun.
Extreme Eportüberschüsse auf der einen, hohe Defizite auf der anderen Seite führen zu heftig und unkalkulierbar schwankenden Währungskursen. Diese belasten Außenhandelsgeschäfte mit hohen Risiken und drücken folglich zum Schaden aller den Welthandel. Zugleich zögern Exportfirmen bei Investitionen, deren Nutzen infolge des Währungsspektakels allzu ungewiß ist.

In Banks We Trust

Sturzflug des Dollars und Weltrezession verschlimmern die Misere der Dritten Welt. Die Rohstoffpreise sind oft an den Dollar gebunden und folglich auch die Exporterlöse vieler Nationen. Zugleich sinkt im Krisenfall die Nachfrage nach Rohstoffen mit der Folge eines ruinösen Preiskriegs zwischen den oft monokulturellen Lieferanten-Nationen. Die Einfuhr von Industriegütern aus der Dritten Welt unterliegt zum Großteil handelspolitischen Vereinbarungen und Kontrollen. Ohne vorherige Kontingentierung können die Nationen des Südens und des Ostens in der EG in der Regel keine Schraube und keinen Zahnstocher verkaufen. Steigt die Arbeitslosigkeit, so geraten Regierungen des Westens in Versuchung, konkurrierende Billigimporte aus Entwicklungsländern gänzlich zu unterbinden.
Ein erneutes Absinken der Exporterlöse bei wenig gemilderter Schuldenlast treibt nicht wenige Nationen des Südens in wirtschaftliche und soziale Probleme eines Ausmaßes, das die Fähigkeiten zum Krisenmanagement auch stabiler Demokratien überfordern würde. Was Deutschland am Ende seiner ersten, jungen Republik widerfahren ist, kann jetzt mehrfache Parallelen in der Dritten Welt finden. So mag sich die Redemokratisierung lateinamerikanischer

Diktaturen bald als kurzes Zwischenstadium erweisen. Zugleich zwingt die Verweigerung eines vernünftigen Schuldenerlasses die Schuldnernationen schließlich in ein Zahlungsverweigerungskartell und damit in die politische Isolation vom Westen. Denn paradoxerweise wächst mit der Aussichtslosigkeit der Lage allzu vieler Entwicklungsländer deren Gemeinsamkeit und damit zugleich deren Stärke gegenüber ihren Gläubigern.

Einseitige Zahlungsstopps laden den Banken des Westens stärkere und schwerer kalkulierbare Belastungen auf als eine abgestimmte und durchgeplante Schuldenregulierung mit zumindest einem Teilerlaß der faulen Kredite. Zum andern hat sich mit dem Crash auch der Spielraum vieler Geldinstitute für Wertberichtigungen gegenüber der Dritten Welt verengt. Ihre Lage war schon vor dem Schwarzen Montag oft wenig komfortabel:

Der Ölpreisverfall hat kostspieligen Explorationen neuer Fundstätten über Nacht die Pleite beschert, und das war ja schließlich auch der Zweck des von der OPEC ausgelösten Preisschocks. Die großen US-Banken kämpfen fast durchweg mit massiven Verlusten aus dem zusammengebrochenen Öl- und Immobilienboom und aus der Agrarkrise. Und schon vor dem Infarkt der Aktienkurse ist die Anzahl amerikanischer Verbraucher, die sich finanziell übernommen haben, lawinenartig angewachsen. 221 Millionen Dollar Verlust aus dem Kreditkartengeschäft verbuchte allein Citicorp, Amerikas größtes Geldhaus, im ersten Quartal 87 – mehr als doppelt soviel wie im Jahr zuvor. So erkannte auch das »Handelsblatt« in den USA »massive Probleme durch das Mißverhältnis von Reserven und potentiellen Kreditverlusten auf den Sektoren Landwirtschaft, Energie, Immobilien und Kreditkarten«[5].

Bereits ohne Crash und Entwicklungsländer-Debakel hätten Amerikas Geldinstitute 1987 einen deutlichen Gewinnverfall verbucht. Doch weil im Frühsommer schon die keineswegs geringe Summe von 21,2 Milliarden Dollar an »Rückstellungen«, zumeist für Dritte-Welt-Kredite, abgezweigt werden mußte, werden die US-Banken 1987 so dürftige Ergebnisse vorzuzeigen haben wie seit Mitte der 30er Jahre nicht mehr – so die Einschätzung der staatlichen Federal Deposit Insurance.[6]

Drei der vier großen britischen Banken schließlich – Barclay, Midland und Lloyd – sind schon im ersten Halbjahr 87 in die Verlustzone geraten. Sie hatten ihre Entwicklungsländerkredite bislang nur zu 5 bis 7 Prozent mit Reserven abgesichert. Die nunmehr unabdingbar gewordene »Erhöhung der Risikovorsorge« auf wenigstens 30 Prozent hat sie drei Milliarden Pfund gekostet. Das konnten auch die exorbitanten Profite im Inlandgeschäft nicht mehr ausgleichen. Denn nicht nur im Vereinigten Königreich duldet der Staat seit längerem sehr hohe Zinsmargen der Banken, damit diese nach und nach zu Lasten von Wirtschaft und Kleinkunden ihr Dritte-Welt-Desaster ausbügeln. Damit wurde zusätzlich zur Hochzinspolitik der Zentralbanken der Marktzins weiter nach oben getrieben – zu Lasten von Investitionen, Wachstum und Arbeitsplätzen.

Der Crash hat diesem Bündel an Belastungen einiges hinzugefügt. Mit dem Kurssturz ihrer Aktien steigen auch für die Banken die Kosten der Kapitalbeschaffung. Zugleich hat sich die Hoffnung zerschlagen, einen Teil der Südkredite im Weg der »Securization« – der Umwandlung in Besitzanteile in der Dritten Welt – über boomende Börsen aus den Bilanzen zu hieven. Und schließlich sind da noch die direkten Verluste aus dem Börsenkollaps, und die sind keineswegs gering:

Gewiß war eine der wichtigen Konsequenzen aus den Bankenzusammenbrüchen der Jahre 1929–33 in den USA die Einführung eines »Trennbankensystems«: Mit dem »Glass-Steagal-Akt« wurde es denjenigen Geldhäusern, die das

Sparkapital der kleinen Leute sammeln, 1933 per Gesetz verboten, Aktien zu kaufen. Das bleibt Brokerhäusern und Investmentbanken vorbehalten. Damit sollten die Spareinlagen vor spekulationshungrigen Bankmanagern geschützt werden. Diese Beschränkung wurde weltweit durchgesetzt – nicht aber in Mitteleuropa. Die deutsche Bankenwelt ist stolz darauf, daß die Bundesrepublik als einziger der großen Industriestaaten nach wie vor am »Universalbankensystem« festhält. Hier dürfen die Geldhäuser zugleich Ersparnisse sammeln, ausleihen und auch selbst an den Börsen spekulieren. 7,7 Milliarden Mark haben die deutschen Großbanken in Aktien angelegt. Das sind immerhin 37 % ihres Eigenkapitals. So vermeldet das »Handelsblatt« bereits deutliche Ertragseinbußen der Großbanken infolge von »Wertpapierabschreibungen« nach dem Börsencrash und moniert, daß Dresdner und Commerzbank »trotz beharrlicher Fragen« zu ihren diesbezüglichen Verlusten sich auf nur vage Auskünfte beschränken.[7]

Doch auch amerikanische Geldinstitute blieben von Kursstürzen an der Wallstreet keineswegs verschont. Denn ob eine Bank selbst an der Börse spekuliert oder Mammutkredite an Börsenmakler vergibt, nimmt sich im Endeffekt nicht allzuviel. Namhafte Geldhäuser sind mit ihren Großkrediten an Brokerfirmen ins Schleudern geraten und werden nunmehr von der US-Notenbank gestützt.

Ein Nebeneffekt der Malaise im Entwicklungsländergeschäft kann sich nunmehr zum eigentlichen Bankenkiller auswachsen. Ein allzu großer Anteil des Kreditvolumens ist in der Südhemisphäre blockiert. Doch die Banken haben sich einiges einfallen lassen, um trotz langfristig und schlecht angelegter Gelder im Geschäft zu bleiben. Financial Futures, Zins- und Währungsswaps, Zerobonds, Euronotes, Caps, Stars and Stripes, Eurocommercial Papers, Floating Rate Notes, Zins- und Währungsoptionen – die Liste der Novitä-

ten ist lang. Selbst Experten fehlt längst der Durchblick über das eloquent als »financial engineering« etikettierte Wirrwarr überkomplizierter Innovationen.
Führend im Austüfteln waghalsiger Konstruktionen sind die Amerikaner. So erlaubt das Gesetz den Banken nur die Kreditvergabe im Umfang eines bestimmten Vielfachen ihres Eigenkapitals. Damit soll das Bankengeschäft in solidem Rahmen gehalten werden. Doch eine unerschöpfliche Phantasie hat Abhilfe geschaffen. So verkaufen in den USA die Banken gewährte Kredite weiter an Dritte. Jene geben das Geld und kassieren Zinsen. Die Bank verbürgt sich für das Risiko, bindet kein Kapital und kassiert anteilig. Keine Bilanz weist Manöver dieser Art aus, ebensowenig wie die berüchtigten stand-by-letters of credit: Darin verpflichtet sich die Bank, bis zu einer vereinbarten Höchstsumme für den Kunden einzuspringen, wenn dieser nicht zahlen kann. Das ist naturgemäß am Rand der Pleite der Fall. Diese heiklen Geschäfte erreichen bei den großen US-Banken schon das Dreifache ihres Eigenkapitals.
Der Trick ist immer der gleiche: Man umschifft die Vorschriften, mit denen der Staat die Solidität der Banken zu sichern versucht. Man kassiert Gebühren gegen Übernahme von Risiken, ohne Kapital zu binden, und ist damit gegenüber der Bankenaufsicht aus allem heraus. Doch die Stunde der Wahrheit kommt in der Depression. Dann werden die Verpflichtungen daraus zuhauf anfallen. Zufolge dem Anlegermagazin »Institutional Investor« haben die 25 größten amerikanischen Banken bereits 1500 Milliarden Dollar »außerbilanzlicher Risiken« angesammelt.
Auf einer Tagung »Bankmanagement für neue Märkte« in Bonn warnte der Vorstandssprecher der Deutschen Bank, Herrhausen, die Bilanzen gäben in wichtigen Punkten keine Auskunft mehr. Es dränge sich die Frage auf, wie aussagekräftig noch Bankbilanzen sind, wenn Dreiviertel des Ge-

schäfts sich außerhalb derselben abspiele. Und genau dort und nicht in den feingedruckten Ziffern, die alljährlich auf Glanzpapier der Öffentlichkeit präsentiert werden, sammeln sich heute die Risiken.

Vor dem Crash bereits häuften sich Seminare von Bankmanagern zum heiklen Thema der Risikowucherung. »Ein Welt-Finanzinfarkt ist hundertmal näher als 1960« – mit dieser Schlagzeile übertitelte die rechtskonservative Hamburger »Welt« im Frühjahr 87 ein Interview mit Henry Kaufmann, dem Orakel der Wallstreet.

Und im März 87 beichtete der Generaldirektor der Schweizer Kreditanstalt der Auslandspresse, die Angst, daß an den Finanzmärkten etwas schiefgehen könnte, sei bei ihm enorm gewachsen. Die Tagung stand unter der Fragestellung, ob ein »Big Bang« möglich sei. Angesichts der Risiken wäre es höchste Zeit – so der Schweizer Bankenchef –, daß sich die Regierungen und ihre Experten Gedanken darüber machen, wie Spekulationsexzesse einzudämmen sind. Je größer der Abstieg der produktiven Aktivitäten, desto größer würde die Spekulation. Immer mehr reife der Verdacht, daß zur Zeit gigantischer Schwindel betrieben werde. Heute würden zahlreiche Gewinne in der Erwartung sehr unwahrscheinlicher zukünftiger Entwicklungen vorweggenommen. Deutlich sei die Tendenz spürbar, daß, um Verluste abzudecken, noch größere und noch verwegenere Spekulationen betrieben werden.

Doch was man sich auch immer an Waghalsigkeiten zumutet, die Großbanken zumindest arbeiten mit einer Lebensversicherung. Im Ernstfall fließen Gelder aus der Staatskasse. Das ist eine der anerkannten Lehren aus den Fehlern von 1929. Keine Regierung wagt es heute noch, Kettenpleiten infolge von Bankenzusammenbrüchen zu riskieren. Die Zentralbanken stehen Gewehr bei Fuß, um kollabierende Kreditinstitute aufzufangen und jedwedem Engpaß der

Geldversorgung augenblicklich abzuhelfen. Die Wirtschaft wird seit dem Crash in Liquidität gebadet. Am Dienstag nach dem schwarzen Montag trat Alan Greenspan, Chef der FED, mit einem einzigen, markanten Satz vor die Kameras: »In Übereinstimmung mit ihren Pflichten als Zentralbank der Nation versichert die Federal Reserve ihre Bereitschaft, als Liquiditätsquelle zur Unterstützung des Wirtschafts- und Finanzsystems zu dienen.«[8]

Die Notenbankenchefs anderer Länder folgten, und selbst die Hardliner in der Frankfurter Bundesbank haben – wenn auch mit deutlicher Verzögerung – die Leitzinsen gesenkt. Offen ist freilich, wie teuer den Nationen die Lebensversicherung für ihre Großbanken kommt. Finanziert wird sie im Extremfall mit der Geldpresse und damit über Inflation zu Lasten der Gesamtheit. Fraglich ist zugleich, ob und mit welchen Methoden die Zinsen dauerhaft hinreichend niedrig gehalten werden können, wenn der Kredithunger Amerikas anhält, weil dort der Kriseneinbruch zu welchen Kosten auch immer bis zum Wahltermin im Herbst 88 hinausgezögert wird.

Wehrlos in die Krise: Problemfall USA

Daß dieser Konjunktureinbruch kommt, ist inzwischen kaum noch umstritten. Die amerikanische Verschuldung hat viele Facetten. Nicht nur der Staat, die gesamte Nation steht tief in den roten Zahlen. Die Firmen sind überschuldet, die Banken und die Verbraucher. Die weithin kreditfinanzierte Fusionswelle zu Höchstkursen der Börsen und der Austausch von Eigenkapital gegen Schulden im Zuge der Rückkaufsmanie eigener Aktien zur »Kurspflege« haben Kartenhäuser der Finanzartistik entstehen lassen. Zwangsläufig wird das Gros der amerikanischen Firmen nach dem Crash bei Investitionen sehr kurz treten müssen.

Zugleich werden auch die kleinen Leute ihren Konsum einschränken. Dreißig Prozent der amerikanischen Haushalte sind Aktiensparer. Zum Teil ist die Altersversorgung darauf gebaut. Der Vermögensverlust infolge der Abwertung dieser Papiere hinterläßt seine Spuren in der Spendierfreudigkeit. Das eben ist eine der gefährlichen Folgen des Volkskapitalismus – das Konsumverhalten des Normalbürgers wird stärker vom Auf und Ab an den Börsen abhängig und verstärkt damit die Schwankungen der Konjunktur.

Krisenverschärfend wirkt – wie schon 1929–32 – die stark ungleiche und in der Reagan-Ära weiter aufgefächerte Einkommensverteilung. Damals steigerten die Bezieher hoher Einkommen ihren Anteil am (sinkenden) Gesamteinkommen und verminderten ihren Konsum überproportional: Die Nachfrage nach Gütern, die normalerweise aus hohen Einkommen gekauft werden, sank übermäßig.[9]

Zudem wird den USA just nach dem Crash das Kunststück abverlangt, ihr Doppeldefizit von Staatsbudget und Handelsbilanz zu kappen. Wie das ohne zusätzlichen Nachfrageeinbruch zu leisten ist – niemand weiß es. Soll das Handelsdefizit abgebaut werden, so lassen sich in absehbarer Zeit nur zwei Wege vorstellen – Handelsschranken oder Dollarverfall. Doch gegen Einfuhrbeschränkungen laufen die Handelspartner Sturm, und den Dollar stützen sie mit astronomischen Beträgen.

Sinkt der Dollar, so steigt freilich zunächst das Defizit der USA. Zwar geht die Menge des Importierten zurück. Das wird jedoch erst einmal überkompensiert vom Preisanstieg der Importe. Die depressiven Wirkungen der Roßkur rapider Defizitkürzung eilen den Heilwirkungen voraus.

Mitte Dezember wurde in Washington ein Report der »Nationalen Vereinigung der US-Ökonomen« vorgelegt. Er sagt einen weiteren Dollarverfall und für Ende 1988, spätestens aber 1989 eine Rezession voraus. Diese Prognose

gründe sich auf einer Umfrage unter 209 führenden Wirtschaftsfachleuten amerikanischer Firmen. Als Krisenursache werden dabei zumeist reduzierte Konsumausgaben gesehen.
Gleiten die USA in die Krise, so ist ihre Situation schwieriger als 1929. Damals haben riesige Staatsaufträge und Arbeitsbeschaffungsprogramme – Staudammbau, Ausbau von Straßen, Schulhäusern, Parks, Spielplätzen, Anstellung von Lehrern, Künstlern usw. – die Arbeitslosigkeit immerhin begrenzt. Die Federal Emergency Relief Administration und andere Bundesprogramme finanzierten auf dem Höhepunkt ihrer Wirkung im Januar 1934 direkt viereinhalb Millionen Arbeitsplätze. Diesmal jedoch hat Amerika sein Pulver bereits verschossen. Die Kassen sind leer, die Verschuldungsspielräume schon weidlich ausgenutzt. Statt Konjunkturprogrammen sind von der größten Wirtschaftsmacht der Welt nur krisenverschärfende Haushaltskürzungen zu erwarten und ja auch weltweit eingefordert.
Das ist die größte Schwierigkeit bei der Eindämmung der kommenden Krise seitens der Industriestaaten: Sie müssen ihre Konjunkturprogramme ohne und gegen die westliche Supermacht vorantreiben. Das ist freilich nichts anderes als die Konsequenz aus der Tatsache, daß Westeuropa gegenläufig zu den USA 1982–87 einen restriktiven Wirtschaftskurs gedrückter Staatsausgaben und niedriger Wachstumsraten verfolgt hat. Eine expansive Wirtschaftspolitik Westeuropas hätte das amerikanische Defizit vermindert, die Spekulation abgedämpft, die Produktivitätsreserven besser genutzt und die Arbeitslosigkeit abgebaut.
Das billigste aller Konjunkturinstrumente – die Zinssenkung – ist in Amerika nur begrenzt und kurzfristig anwendbar und nur wenig wirksam. Daß der Dollar ungeachtet aller Stützungskäufe und aller Schwüre der Finanzminister

weiter fallen wird, zeigt ein flüchtiger Blick auf die Handelsbilanzen. Ronald Reagans ehemaliger Chefökonom Martin Feldstein sieht den Kurs der amerikanischen Währung binnen Jahresfrist bei 1,30 DM und in fünf Jahren bei einer Mark zwanzig. Und Professor Lester Thurow, befragt: »Wie weit muß der Dollar ihrer Meinung nach noch fallen – bis 1,50 DM oder 1,20 DM?« gab zur Antwort: »Ich würde sagen, eine Mark zehn.«[10] Um trotz abstürzender Währung noch das zur Finanzierung des Budgetdefizits notwendige Auslandkapital anzuwerben, müssen die USA eine Zinsprämie bieten. Sie müssen mit ihren Zinsangeboten eine Mindestspanne über dem Weltniveau bleiben und treiben damit als größter Schuldner der Welt dieses Niveau nach oben.

Weder bei den Staatsausgaben noch bei den Zinsen haben die USA folglich viel Spielraum, eine Krise abzufangen. Und Lohnzuwächse sind schwer durchsetzbar. Zum ersten sind die Gewerkschaften geschwächt, zum zweiten die Unternehmen verschuldet, und zum dritten lähmt der Verweis auf die katastrophal schlechte Konkurrenzfähigkeit der Made in US-Produkte die Chancen einer offensiven Lohnpolitik.

Doch Amerika verfügt über eine gewichtige Chance, die Depression im Land zu mildern. Es kann einen Teil des Nachfrageeinbruchs auf das Ausland kanalisieren. Das leistet pauschal der Dollarverfall. Selbst wenn das Handelsdefizit infolge des Preisanstiegs der Importe zunächst noch steigt – im Ausland schlägt ein Nachfrageeinbruch zu Buche. Und selbst bei Produkten, wo die eignen Fabrikate preisunabhängig konkurrenzunfähig sind gegen Importe, führt deren Verteuerung schließlich dazu, daß dann weder diese noch ein amerikanisches Erzeugnis, sondern gar nichts gekauft, bei Maschinen auf die Investition verzichtet und bei Konsumgütern auf andere Bereiche ausgewichen wird. Und bei absinkendem Dollar werden kaum die Billigimporte aus Südostasien zuerst verdrängt, sondern die anspruchsvollen und teuren Angebote aus Europa. Unvermeidbar trifft das die Bundesrepublik Deutschland.

VII
Zur Lage der Nation – Traum und Wirklichkeit

Prophetenpotpourri

Die deutschen Konjunkturprognosen seit dem Börsenkrach bieten für jeden Geschmack etwas – für den behäbigen Optimisten aus der Kohl-Runde die zwei Prozent Wirtschaftswachstum aus dem Herbstgutachten der 5 großen Forschungsinstitute, für den positiven Realisten die knapp ein Prozent aus der Prognose des industrienahen Instituts der Deutschen Wirtschaft, das zugleich ein Anschwellen der Arbeitslosenzahl auf 2,35 Millionen verheißt, und für pessimistischere Charaktere die Stagnationserwartungen einer Reihe von Wirtschaftswissenschaftlern. Die fünf »Weisen« haben ihre angekündigte zweieinhalb-Prozent-Prognose[1] nach dem Hohngelächter der Öffentlichkeit noch rasch auf anderthalb Prozent nach unten korrigiert und die freundliche Voraussage der fünf Institute ist ausdrücklich auf der Voraussetzung gebaut, daß der Export in die USA nicht weiter sinkt und der Dollar nicht weiter fällt – Annahmen, die schon am Tag der Veröffentlichung kein Ökonom mehr geglaubt hat. Primus inter pares in dieser Expertenrunde ist das ehemals seriöse Institut für Weltwirtschaft Kiel, das freilich längst zum Propaganda-Instrument des Bundespresseamtes verkommen ist. (Im Juni 87 überraschte dieses Institut die Öffentlichkeit mit der Schlagzeile: »Nach Meinung der Kieler Konjunkturforscher wird der Dollarkurs vermutlich nicht noch weiter fallen.« Und gleichfalls noch im Sommer 87 warteten die Experten aus Kiel mit einer Wachstumsprognose für das laufende Jahr von zweieinhalb Prozent auf.[2] Erreicht wurden dann doch nur 1,7 Prozent.)

Das auf Konjunkturtests spezialisierte Ifo-Institut München erwartet 1988 in der Industrie »bestenfalls« einen geringfügigen Zuwachs von 0,5 Prozent. Im Maschinenbau ist eine Schrumpfung von 1 – 2 Prozent angesagt. Der Verband der Autoindustrie rechnet mit einem Rückgang der Produktion von 5 Prozent infolge eines Nachfrageverfalls im Inland.[3]

»Die Gutachten der deutschen Wirtschaftsforschungsinstitute und der 5 Weisen werden, kaum daß sie die Druckerpresse verlassen haben, nur noch belächelt, der darin verbreitete Optimismus für das Wirtschaftsgeschehen im nächsten Jahr wird allenthalben von Krisenstimmung verdrängt. Konjunktur hat zur Zeit nur noch das Wort Rezession«, kommentierte die »Wirtschaftswoche«[4].

Bonn freilich diagnostiziert eine gesunde Konjunktur hierzulande dank stabiler Preise und einer Steuerreform drei Jahre später. Bundeswirtschaftsminister Bangemann empfahl, über einigen aufgeregten Tagen an den Aktien- und Devisenmärkten die realen und realistischen gesamtwirtschaftlichen Perspektiven für 1988 nicht zu übersehen. Die 1988 absehbare Einkommensentwicklung, die günstige Preissituation und das positive Konjunkturklima würden zusätzliche Wachstumsimpulse für den privaten Verbrauch schaffen. Die Auswirkungen des Börsensturzes auf die reale Wirtschaft seien in den USA sehr viel stärker als in der Bundesrepublik.[5]

Und der Bundeskanzler befand zum Jahreswechsel, es gäbe weder einen Grund für weitere Maßnahmen zur Ankurbelung der Konjunktur noch für eine öffentliche Diskussion darüber.[6]

Geborgte Konjunktur

Wie ist es denn nun wirklich bestellt um die heile bundesdeutsche Welt? 1986 hatten wir knapp 2½ Prozent Wachstum. Doch allein der Zuwachs des Exportüberschusses von 39,3 Milliarden erreichte 2,0 Prozent des Bruttosozialprodukts. Einen kräftigen Kaufkraftschub brachte der Ölpreisverfall. Die Mineralölrechnung der Bundesrepublik verminderte sich um 42,9 Milliarden. Das entspricht 2,2 Prozent des Volkseinkommens. Ohne derartige Zufallsgaben wären die dürftigen deutschen Wachstumsraten mindestens noch einmal halbiert worden und in keinem der letzten Jahre über ein Prozent hinausgekommen. Der GfK-Konsumklima-Index – einer der verläßlichsten Konkunktur-Indikatoren – fällt seit dem Sommer 1986, und die Industrieproduktion ist im »Boomjahr« 87 um einen halben Prozentpunkt *geschrumpft.* Die klägliche Baukonjunktur hatte ihr Zenit im August 86. Von einem sich selbst tragenden Wirtschaftswachstum kann in der Bunderepublik überhaupt keine Rede sein.
Wir sind Trittbrettfahrer des amerikanischen Verschuldungsbooms und damit Nutznießer einer geborgten Konjunktur. 1987 hätte das deutsche Wirtschaftswachstum bei Wegfall allein des USA-Überschusses im Außenhandel bei sechs Promille gelegen. Denn der Rüstungs-Keynesianismus Amerikas wurde von den hiesigen Liberalkonservativen statt zur Stimulierung der Wirtschaft zur Durchsetzung einer scharfen Einkommensumverteilung genutzt. Ohne das Geschenk der boomenden Auslandmärkte wäre man gezwungen gewesen, mit höheren Reallöhnen und maßvollen Zinsen ein vernünftiges Minimum an Binnenkonjunktur zu sichern. Bonns Ziel und Erwartung, die USA mögen ihr Handelsdefizit kürzen, nicht aber gegenüber der Bundesrepublik Deutschland, spiegelt nicht allzuviel Wirklichkeitssinn.
Wir sind vital auf den freien Warenaustausch angewiesen.

Wir exportieren absolut mehr als Japan, pro Kopf der Bevölkerung reichlich doppelt soviel und mit 32,5 Prozent einen mehr als doppelt so hohen Anteil des Nationalprodukts als der fernöstliche Industriegigant. Und auch der Exportüberschuß pro Kopf der Bevölkerung liegt in der Bundesrepublik, wie vorn erwähnt, höher als bei dem asiatischen Handelsriesen. Doch wenn weltweit die Arbeitslosenzahlen hochschnellen, dann gehen die Handelsschranken runter. Dann werden deutsche Exportüberschüsse von derzeit fast sechs Prozent des Volkseinkommens über Nacht nicht mehr toleriert. Für Arbeitsmarkt und Konjunktur in der Bundesrepublik bedeutet das die Katastrophe. Zumal liegt der Schwerpunkt der deutschen Ausfuhr bei den hochgradig konjunkturreagiblen Investitionsgütern. Denn die Nachfrage nach Maschinen kippt bereits ab, wenn sich bei den anderen Gütern nur das Wachstum der Nachfrage verlangsamt. Eine deutsche Bundesregierung, die unter diesen Bedingungen glaubt, sich um die Gefahr einer schweren Krise bei den Handelspartnern nicht groß kümmern zu müssen, leidet unter Realitätsverlust.

Verdrängung statt Krisenmanagement

Es herrscht eine überraschende Einigkeit zwischen Ministern, Bankenchefs und selbst Oppositionsführern, daß sich eine Wirtschaftskatastrophe, wie sie nach 1929 erlebt wurde, nicht wiederholt. Doch was ist eigentlich der Grund für diese Überzeugung? Es ist das seither erworbene Wissen, wie man Wirtschaftskrisen abfängt und den sich selbst verstärkenden Teufelskreis einer beginnenden Rezession durchbricht. Das setzt aber wohl voraus, daß man dieses Wissen auch anwendet. Die Bundesregierung mag mancherlei reaktionslos aussitzen, aber gewiß nicht jene Sturmböen, die gegenwärtig über der Weltwirtschaft aufsteigen.

Doch der Börsenkrach scheint sich für sie auf einem anderen Planeten abgespielt zu haben. Sie bietet das Bild eines beängstigenden politischen Autismus. Der Finanzminister warnt vor »Aktionismus«, preist seine Sparerfolge und klammert sich noch im Januar 88 an die Wachstumsprognose von zwei Prozent. Die Bundesbank müht sich mit der Eindämmung einer nichtexistenten Inflation und hat sich erst unter massivem Druck der anderen Industriestaaten zur überfälligen Senkung der Leitzinsen bereitgefunden. Und die Wirtschaftspartei in der Regierung trommelt sechs Wochen nach dem Crash einen Sonderparteitag zusammen – zum Thema Vermummungsverbot.
In der Wirtschaft wächst die Nervosität ob der Tatenlosigkeit Bonns. Die Investitionen werden zusammengestrichen. Topmanager beklagen Konzeptlosigkeit, Dilletantismus und Wirklichkeitsferne der Bonner Führung. »Bei den deutschen Politikern müßten jetzt eigentlich die Alarmglocken läuten«, wunderte sich Siemens-Vorstand Neglein. Prof. Rodenstock, Präsident der Industrie- und Handelskammer für München und Oberbayern, erklärte bündig: »Die Wirtschaft vermißt eine Kursbestimmung!« BMW-Chef von Kuenheim berichtete, als aus den USA gemeldet wurde, Regierung und Kongreß hätten sich auf einen Abbau des Defizits geeinigt und aus Bonn nur zu hören war, »man müsse sich nun auch hier etwas überlegen« – da sei er einfach fassungslos gewesen. Die Wirtschaft sei eigentlich gesund, so glaubt der BMW-Chef: »Das Problem ist die Politik.« Otto Wolff von Amerongen, Präsident des Deutschen Industrie- und Handelstages, monierte, Bonn sei wohl mit anderen Problemen überlastet gewesen. Das Bild der Wirtschaftspolitik sei enttäuschend: »Es fehlt an überzeugenden Konzepten in nahezu allen großen Problembereichen.« In der »Süddeutschen Zeitung« klagte Wirtschaftsredakteur Maier-Mannhart: »Das wichtigste aber wäre, den Zweiflern

und Unsichern im Lande, die mit ihrer Abstinenz in Erwartung schlechter Zeiten soviel kaputt machen können, die Zuversicht zu geben, daß es eine handlungsfähige Regierung gibt. Diesen Eindruck konnte man bisher jedenfalls nicht gewinnen.« Der Sindelfinger Unternehmensberater Baumgartner gab z. B. zu Protokoll: »Ich weiß, daß jetzt schon viele Unternehmen heimlich, still und leise ihre Investitionen für 1988 überprüfen. Von 5 großen Firmen, die wir derzeit beraten, ist mir bekannt, daß sie ihre Investitionen um ein Drittel streichen, eventuell auch mehr.« Die Deutsche Bank hat die Finanzverhandlungen über den Bau des geplanten Frankfurter Messeturms – mit 254 Metern wäre er der höchste Wolkenkratzer Europas – mit Hinweis auf die veränderte Kapitalmarktlage abgebrochen. Und Daimler-Benz-Chef Edzard Reuter beklagte in einem nachdenklichen Vortrag vor dem American Council on Germany »den katastrophalen Mangel an wirtschaftspolitischer Führungskompetenz in unseren Regierungen« und erklärte:
»Es ist noch immer viel zu früh, um zu wissen, welche Konsequenzen sich für unsere Wirtschaftsbeziehungen aus den Ereignissen ergeben werden, die am Montag, den 19. Oktober 1987, begonnen haben. Immerhin scheint es mir bemerkenswert, daß die Stimmen inzwischen nicht mehr ganz so laut und überzeugt klingen, die eine Wiederholung des Jahres 1929 und seiner Folgen für ausgeschlossen halten.
In Europa jedenfalls wächst das Gefühl, das eine schwerwiegende wirtschaftliche Krise eintreten könnte, wenn nicht rechtzeitig Wege zu einem gemeinsamen Handeln gefunden werde ...«[7]
Auch international ist die Bundesrepublik wegen ihrer Handlungsunfähigkeit unter massiven Beschuß geraten. Die OECD – die Organisation der Industriestaaten für wirtschaftliche Zusammenarbeit und Entwicklung – geißelt die Bundesrepublik als den entscheidenden Bremser der Welt-

wirtschaft. Der Dissens mit den USA ist ohnehin nicht zu überhören. Doch auch mittlere und kleine Industrienationen stellen inzwischen Westdeutschland mit seiner Weigerung, die Wirtschaft in Fahrt zu halten, an den Pranger. Während Japan inzwischen mit kräftigen Haushaltsmaßnahmen die Binnennachfrage ankurbelte, so die OECD, seien in der Bundesrepublik zusätzliche Schritte erforderlich.[8]

In der Tat erinnert der dürftige Katalog an Schritten zur Stützung der Konjunktur, den sich die Bundesregierung unter internationalem Druck inzwischen abgerungen hat, an einen Kompromiß zwischen Fachärzten verschiedener medizinischer Schulen, die einem gefährlich Erkrankten schließlich eine Antibiotica-Kur in homöopathischer Dosis verabreichen.

Seit dem Crash tobt eine heftige Diskussion, ob die Bundesrepublik wohl in eine Rezession eintreten könne. Und noch Mitte Januar 88 erklärte Finanzminister Stoltenberg, daß damit 1988 nicht zu rechnen sei. Dabei wird übersehen, daß sich die deutsche Wirtschaft schon seit über einem Jahr in einer Rezession befindet. Unter »Rezession« versteht die Wirtschaftswissenschaft positive, doch kleiner werdende Wachstumsraten, mithin ein Abbremsen des Wachstums, unter einer »Depression« dagegen negative Wachstumsraten, mithin eine Schrumpfung. Das deutsche Wirtschaftswachstum ist von 2½ Prozent 1986 auf 1,7 Prozent 1987 zurückgefallen. Und von diesen 1,7 Prozent ist zudem ein relativ großer Teil durch eine unfreiwillige Lageraufstokkung der Unternehmen zustandegekommen, die sich aus einer abgeschwächten Nachfrage erklärt.[9] Folglich sind wir längst in einer Rezession.

Das genau ist die Stunde der Konjunkturprogramme. Doch hier gilt: »Klotzen, nicht kleckern!« Minihilfen, mit denen der Abwärtstrend nicht gestoppt wird, sind rausgeworfenes

Geld. Niemand wird erwarten, daß Unternehmen wegen einer Zinsverbilligung von zwei Prozent zu investieren anfangen, wenn zugleich mit schrumpfender Nachfrage gerechnet wird. Finanzhilfen für Gemeinde-Investitionen und anderthalb Milliarden für neue Postämter, das sind zu kleine Schritte in die richtige Richtung. Der »Ankurbelungs«-Katalog der Bundesregierung hinterläßt den Eindruck, er sei nur aufgelegt worden, um erneut nachweisen zu können, daß staatliche Konjunkturprogramme unwirksam sind. Mit ihrer Verweigerung, über ein vernünftiges Programm zur Sicherung des Wirtschaftswachstums auch nur zu diskutieren, manövriert Bonn nicht nur die deutsche Wirtschaft in die Krise, sondern zugleich auch die Bundesrepublik Deutschland in die politische Isolation.

VIII
Aus- und Irrwege

Die Weltkrise 1929–33 ist infolge eines Gegen- statt eines Miteinanders der Nationen bis zum Extrem getrieben worden. Die einzelnen Staaten versuchten sich an nationalen und nationalistischen Rettungsversuchen zu Lasten anderer Länder, die nicht funktionieren konnten, sondern krisenverschärfend wirkten, wenn sie nicht von einer, sondern von der Mehrzahl der großen Nationen verfolgt wurden. Es ist genau die gleiche Alternative, vor der die Weltwirtschaft heute steht:

– Entweder eine international abgestimmte Konjunktur-, Haushalts- oder Geldpolitik zur Sicherung des Wachstums und eine Zusammenarbeit der Nationen zur Überwachung und Kontrolle der entfesselten internationalen Geldmärkte

– oder ein Kurs der kollektiven Selbstschädigung: das Dominieren nationaler Egoismen infolge des Verzichts auf oder der Unfähigkeit zur zwischenstaatlichen Zusammenarbeit.

Vergebliches Lehrgeld?

Es ist nicht ohne Faszination, mit welcher Genauigkeit man die Fehler von damals zu wiederholen versucht. Zum ersten erleben wir derzeit ein schockierendes Defizit an internationaler Kooperation und zum zweiten innerhalb der Bundesrepublik Deutschland eine Renaissance der gleichen Konzepte und Ideen, die 1929–33 Deutschland in die größte Wirtschaftskatastrophe seiner jüngeren Geschichte manövriert haben.

Einhellig erkennt die Krisenforschung als das entscheidende Handicap der Jahre 1929–33 den erwähnten Mangel an weltwirtschaftspolitischer Führung oder Zusammenarbeit. Großbritannien war nicht mehr fähig, diese Führungsrolle zu spielen, und die Vereinigten Staaten waren nicht bereit dazu. Prof. Kindlebergers klassisches Werk »The World in Depression 1929–39« endet unter dem Titel »Lehren für die 80er und 90er Jahre« mit den Sätzen[1]:

> »Wenn die wirtschaftliche Führung der USA in der Weltwirtschaft schwindet und Europa und Japan an Stärke gewinnen, so sind drei Resultate politisch stabil und drei instabil. Zu den stabilen gehören... eine wiederbelebte US-Führerschaft..., die Übernahme der Führerschaft und Verantwortung für das Weltsystem durch Europa, Japan oder ein unerwartetes drittes Land... oder die effektive Überlassung der wirtschaftlichen Souveränität an internationale Institutionen, an eine Weltzentralbank, einen Weltkapitalmarkt und eine starke GATT (Allgemeine Konferenz für Zoll und Handel). Dieses Resultat ist das attraktivste, aber vielleicht am wenigsten wahrscheinliche.
>
> Die drei Entwicklungen, die wegen ihrer Instabilität vermieden werden sollten, sind:
>
> 1) Die USA, Japan und die EG wetteifernd um die Führung in der Weltwirtschaft,
>
> 2) die eine Macht unfähig zu führen und die anderen nicht willens,
>
> 3) jeder ausgestattet mit einem Veto gegen Programme zur Sicherung von Stabilität und Stärke des Gesamtsy-

stems, doch ohne das Bemühen, selbst positive Programme vorzulegen ... Das schafft die Möglichkeit von Patt-Situationen, wie im Sicherheitsrat der UN, wo zwei Weltmächte unfähig sind übereinzustimmen. Aufgrund der Bedingungen im Sicherheitsrat existiert die Gefahr einer Spirale hin zum Krieg; das Analogon im Feld der Wirtschaft ist Patt und Depression.

Die dritte positive Alternative der internationalen Institutionen mit wirklicher Autorität und Souveränität bleibt ein dringliches Erfordernis.«

Die gegenwärtige Szene bietet sich dem Betrachter als eine Mischung der drei genannten destruktiven Entwicklungen. Das zumindest haben die Regierungen begriffen, daß sie sich zu einigen haben. Doch worüber und mit welchem Resultat, darüber besteht tiefer Dissens. Die Folgen dieser politischen Unfähigkeit sind alarmierend. Kurz vor Jahresende 87 kam die G-7er Gruppe – die Arbeitsgemeinschaft der Finanzminister der 7 wichtigsten Industriestaaten – mit ihrer lange angekündigten Erklärung heraus. Sie war gedacht zur Beruhigung der Märkte nach dem Crash, doch die Wirkung war entgegengesetzt. Der Dollar stürzte unter die Marke von 1,60 DM und damit auf ein historisches Rekordtief. Nur massive Stützungskäufe Japans, der Bundesrepublik, Frankreichs, der Schweiz, Italiens, Belgiens und vermutlich noch anderer konnten den Fall ins Bodenlose stoppen. Japan ließ wissen, mit großen Beträgen interveniert zu haben. Die Aktienbörse bekam einen erneuten Schwächeanfall. Denn die G-7 hatten die dringliche Notwendigkeit zur Zusammenarbeit bekundet, zu gemeinsamen Schritten zur Stabilisierung der Weltwirtschaft, doch keinerlei solche Schritte und Maßnahmen erkennen lassen. Die Märkte begriffen das Papier folgerichtig als Dokument der absoluten Unfähigkeit, gemeinsam zu handeln. »Teilweise suchen enttäuschte Devisenhändler Zuflucht zum Sarkasmus und meinen, am besten hätten die Finanzminister der Siebener-Gruppe ihren Mund gehalten«, schrieb das »Handelsblatt«[2]. »Ihr Kommuniqué habe die Situation noch verschlimmert.« In einem Interview mit »US News« and »World Report« erklärte Ex-Bundeskanzler Helmut Schmidt zum Jahresanfang 88[3]: »Nach meinem Urteil steuert die Welt 1988 in eine Rezession. Die drei Regierungen, die hauptsächlich verantwortlich sind – in Washington, Bonn und Tokio – begreifen nicht, wie enorm wichtig ihr Verhalten für die Weltwirtschaft ist und wie sie sich entsprechend verhalten müssen.« Er erwarte keine Depression, so Helmut Schmidt, obwohl er sie nicht ausschließe, »weil die Dummheit von Regierungen niemals unterschätzt werden sollte.« Sieht man ab von der politischen Unsensibilität und der preußisch-deutschen Arroganz, mit der hier der Rest Europas öffentlich für irrelevant erklärt wird, so ist das Erschrecken über die Handlungs- und Erkenntnisdefizite in den drei Hauptstädten nur allzu berechtigt.

In der Tat ist das gegenwärtige Währungsspektakel von einer logisch fundamental widersprüchlichen Politik, von einer wahren Nonsensstrategie erzeugt. Wir vertauschen unserer Hände Arbeit gegen grünbedrucktes Papier, das Woche für Woche an Wert verliert und von der Bundesbank zu unhaltbaren Kursen aufgekauft wird. Japan und die Bundesrepublik laden einen unmäßigen Exportüberschuß auf den Rest der Welt und vor allem auf Amerika ab. Die unabdingbare Konsequenz ist, daß der Dollar fällt oder Yen und Mark steigen. Wenn ein Land dauerhaft im Außendefizit ist, sinkt nun einmal seine Währung. Zugleich aber stützen Deutsche und Japaner den Dollar mit schwindelerregendem Kostenaufwand. Sie versuchen, ihn mit Geldmarkt-Interventionen auf einem Niveau festzukleben, von dem sie ihn selbst zugleich mit ihrer Wirtschafts- und Handelspolitik tagtäglich herunterschieben.

Dieser Kreislauf gleicht dem Treiben eines Kindes, das um einen auslaufenden Bottich herum den Boden trocken zu halten versucht, zugleich aber das aufgeschöpfte Wasser oben wieder zurückgießt in diesen Bottich. Unverkennbar will sich unsere politische Führung nicht von den Gesetzen der elementaren Logik knechten lassen. Und weil wegen des Wertverlustes des gehorteten Dollarpapiers der Bundesbankgewinn nicht wie geplant bei 6 Milliarden liegt, sondern bei nur 400 Millionen, schließt Bonn das Loch in der Staatskasse 1989 mit Aufschlägen bei der Verbrauchssteuer und drückt damit die Kaufkraft zu einem Zeitpunkt, wo die Wirtschaft bereits in die Krise schlittert.

Es gibt nur zwei Möglichkeiten, das Durcheinander der Wechselkurse zu glätten und den drohenden Handelskrieg zu verhindern. Denn eine seiner Hauptursachen ist schlicht und einfach, daß in Japan und Deutschland die Löhne zu niedrig sind und deshalb eine Binnenkonjunktur kaum existiert oder – im Fall Japans – zu schwach ist. (Befinden sich zwei Länder im Handelsaustausch und Land A hat eine starke Konjunktur und deshalb eine starke Nachfrage, Land B dagegen befindet sich in einer Stagnation und hat deshalb eine schwache Nachfrage, so wird Land B einen Handelsüberschuß gegenüber Land A erzielen. Das bezeugt an sich keineswegs eine höhere Produktivität und Wirtschaftskraft des Landes B, sondern zunächst nur eine schlechtere Wirtschaftspolitik.) Daßs in den USA auch noch die in Kapitel III geschilderten Leistungsprobleme der Wirtschaft hinzukommen, steht auf einem anderen Blatt.

Damit bietet sich die folgende Alternative: Entweder die USA fallen in die Depression, oder Deutschland und Japan steigern ihre Inlandnachfrage und bringen damit die Binnenkonjunktur in Fahrt. In beiden Fällen vermindert sich das Handelsdefizit. Ließe man den Dollar rasch so weit stürzen, bis der Markt ihn trägt, so wären stabile Wechselkurse wiederhergestellt, die Exporte wären wieder kalkulierbar und das amerikanische Defizit würde schwinden. Dann bliebe es in der Entscheidung der Deutschen und Japaner, ob sie den Nachfrageausfall im USA-Handel ungemildert hinnehmen und damit in die Depression gleiten oder mit Staatsinvestitionen und steigenden Masseneinkommen den Nachfrageausfall im Export ausgleichen, damit zugleich die Importnachfrage steigern und folglich auch die Wechselkurskorrekturen geringer halten. Die Fortführung einer logisch selbstwidersprüchlichen Politik dagegen ist auch bei beliebigem Geldaufwand keine Lösung. Sie verlängert lediglich die Anpassungszeiten an stabilisierbare Verhältnisse.

Katastrophenkonzepte

Ebenso eindrucksvoll wie die Unfähigkeit zur internationalen Zusammenarbeit ist die Konterproduktivität von innerhalb der Bundesrepublik lancierten Forderungskatalogen. Offenbar existiert im Hinblick auf die Wirtschaftskatastrophe von 1929–33 ein wahrer Wiederholungszwang. Damals bestand die deutsche Krisenpolitik aus drei Komponenten[4]:

- »die Angebotspreise der eigenen Wirtschaft an die in der Krise gesunkenen Weltmarktpreise durch Lohnsenkungen anzupassen,
- die staatlichen Haushalte auszugleichen, um Geld- und Devisenabflüssen, die durch Inflationsangst motiviert waren, entgegenzuwirken und
- der Verknappung des Geldes mit dem Ziel, Inflationsängste zu mildern.«

Dieser Politik war ein kurzer Zwischenerfolg beschieden. 1930 erzielte Deutschland zum ersten Mal seit 1926 einen

Exportüberschuß, der jedoch rasch abnahm, als die anderen Industriestaaten abwerteten oder ihre Märkte abschirmten. Danach blieb nur der Selbstschädigungseffekt einer zu schwachen Inlandnachfrage übrig. 1929–33 ließen sich noch politische Zwänge für die letztlich katastrophale deutsche Krisenpolitik erkennen. Es »konnte eine Erweiterung der Binnennachfrage nur die Forderung auf Erfüllung der Reparationszahlungen stützen, da der Nachweis der Fähigkeit, einen Überschuß zu produzieren, erbracht worden wäre«.[5]

1987/88 dagegen – mit der Erfahrung der Weltwirtschaftskrise im Rücken und ohne die außenpolitischen Lasten von damals am Hals – hat man Mühe, die derzeitigen Strategien und Empfehlungen auch nur subjektiv nachzuvollziehen. Unmittelbar nach dem Crash verlangt der Vorsitzende der Sparerschutzgemeinschaft in der Bundesrepublik »eine vorsichtige Verteuerung des Geldangebots«, da man sich zunehmend um die Stabilität des Geldwertes sorge[6] – dies bei einer Inflationsrate von 0,4 Prozent.

Bonns Sachverständigenrat empfiehlt im Jahresgutachten 87/88 in präziser Übereinstimmung mit den Katastrophenkonzepten von damals ein weiteres Absenken der Staatsquote, ein verstärktes Ansparen der erst in drei Jahren folgenden Steuersenkungen und eine Rückführung des Geldmengenwachstums. Und der Präsident dieses ranghöchsten deutschen Ökonomenteams mahnt eindringlich: »Also: Die Lohnpolitik muß Zurückhaltung üben. Sonst zeichnet sich schon der Konflikt ab.«[7]

In die gleiche Kerbe schlägt das Institut der Deutschen Wirtschaft und nennt unter Berufung auf den »Wissenschaftlichen Beirat beim Bundeswirtschaftsministerium« bei den Ursachen der Arbeitslosigkeit an erster Stelle zu hohe Arbeitskosten. Und Wilfried Guth, Aufsichtsratschef der Deutschen Bank, warnte nach dem Crash: »Es ist für die Bundesrepublik schwerer, im internationalen Wettbewerb Schritt zu halten. Die Standortnachteile, nicht zuletzt die hohen Arbeitskosten, machen sich verstärkt bemerkbar.« Hinzu kämen dann noch zu hohe Steuern.[8] Wie das zusammengeht mit einem Pro-Kopf-Überschuß im Export, der noch über dem Japans liegt, bleibt unergründlich – ebenso, wie bei noch weiter sinkenden Arbeitskosten die Binnenkonjunktur angefeuert werden kann.

Doch das Konzept, daß der Aufseher über Deutschlands Monumentalbank hier stellvertretend für Teile der bundesdeutschen Großindustrie vorträgt, ist klar: Der absehbare Ausfall im Amerika-Geschäft soll mit Terraingewinnung auf anderen Auslandsmärkten wettgemacht werden. Und weil die Dritte Welt und der planwirtschaftliche Osten praktisch zahlungsunfähig sind, kommt dafür fast nur Europa in Frage.

Damit freilich ist der internationale Handelskrieg – wie in den 30er Jahren – vorprogrammiert. Die Ungleichgewichte im Außenhandel müssen nicht umgeschichtet, sondern abgebaut werden. Mit dem Versuch, ihr inländisches Nachfragedefizit zu wachsenden Teilen im Resteuropa auszugleichen, bremst die Bundesrepublik den europäischen Einigungsprozeß, gefährdet den europäischen Binnenmarkt und zerstört damit selbst die Existenzgrundlage der deutschen Wirtschaft. Die gespannte Lage nach dem Crash ist kaum der geeignete Zeitpunkt, die Toleranzgrenzen der Handelspartner gegenüber dem Export von Arbeitslosigkeit zu testen. Und nebenher verhindert die Bundesrepublik mit ihrem permanenten Exportüberhang die Stabilisierung der europäischen Wechselkurse und zerstört auf diese Weise die Chance, den ECU als die dringlich benötigte alternative Reservewährung zu Uncle Ronnys funny money durchzusetzen.

Handelsimperialismus und repressive Lohnpolitik zu Hause

im Inland gehen Hand in Hand. Sie sind die komplementären Elemente der gleichen Strategie. Die Angebotspolitik, so Guth, sei zwar gepredigt, aber nicht genügend befolgt worden. »Das muß jetzt mutiger in Angriff genommen werden.« Angesichts der in Kapitel V dargebotenen Ziffern zu Einkommensverteilung, Lohnkosten und Produktivität wirken diese Einlassungen nur noch grotesk. Bei der Jahrestagung 87 des »Vereins für Sozialpolitik« – er ist an den deutschen Universitäten von beträchtlichem Einfluß – wurde verkündet, die Reallöhne hierzulande lägen um 20 bis 25 Prozent über dem Niveau, das mit Vollbeschäftigung vereinbar sei. Mit der Verwirklichung solcher Konzepte wäre eine Kontraktion der Wirtschaft garantiert und eine soziale Katastrophe, gegenüber der die Weltwirtschaftskrise der Jahre 1929–33 zur milden Anekdote verblaßt. Weder Zahlen noch Ereignisse, noch Mahnungen des Auslandes, so scheint es, können den Regressionstrieb der deutschen Neokonservativen und Paläoliberalen zurück ins 19. Jahrhundert stoppen.

Es ist nicht ohne Pointe, daß Marxisten und Konservative im Kern ihrer Krisenerklärung übereinstimmen. Ursache sei eine Verschlechterung der Gewinnrate. Beiden Denkrichtungen zufolge wird der jeweilige Kriseneinbruch überwunden durch ein Zurückdrängen des Lohnanteils und damit einer Restaurierung der Profitabilität. Für Konservative freilich ist das ein Rezept, für Marxisten dagegen die Beschreibung eines tatsächlichen Geschehens, dessen Wiederholung in jedem Wirtschaftszyklus schließlich die sozialen Konflikte bis zum revolutionären Siedepunkt hochtreibt. Beides sind Sichtweisen des 19. Jahrhundert. Ihre Falschheit hat sich schon gelegentlich der Weltkrise von 1929–33 erwiesen. Der marxistische Irrtum bestand freilich bis 1933 nicht darin, daß dieses Konzept einer Zurückdrängung der Löhne *praktiziert* wurde, sondern darin, daß es in der Tat diese Politik war, die die Marktwirtschaft aus der jeweiligen Krise erlöst – ein Irrtum, den sie mit den damaligen und heutigen Konservativen teilen. Richtig dagegen war die marxistische Erwartung, daß der Vollzug dieser Politik wirtschaftliche und soziale Spannungen schaffen kann, die den Bestand des liberaldemokratischen Rechtsstaates gefährden. – Konträr zu diesen zusammenfallenden wirtschaftspolitischen Extremen erkennen Ökonomen in der Nachfolge des Denkens von John Maynard Keynes die Krisenursache in einer zu schwachen Nachfrage, folglich in zu niedrigen Löhnen und damit in Gewinnen, für die sich keine profitable produktive Anlagechance bietet. Daraus folgt als Weg aus dieser Art von Krise eine Erhöhung der Binnennachfrage. Die Erfahrungen der 30er Jahre bestätigen die letztgenannte Krisensicht: Das Beispiel Englands, daß sich als erste große Volkswirtschaft erholte, zeigt, daß ohne steigende Exportquote die Wiederbelebung der Konjunktur möglich ist. Die Deflationsländer dagegen dokumentierten, daß die Aneignung von Nachfrageimpulsen über den Außenhandel durch Senkung der Lohnkosten die Krise nicht bewältigt.

Zwang zur Zusammenarbeit

Das Gebot der Stunde ist eine gemeinsame Wachstumsstrategie der industrialisierten Marktwirtschaften. »Ich halte es nämlich für unverzichtbar, daß sich die westlichen Regierungen so bald wie möglich auf ein neues weltwirtschaftliches Wachstumskonzept einigen, wenn die derzeitige Krise nicht in jene politische Krise umschlagen soll, von der ich zu Anfang sprach … Wir haben nämlich keine Wahl mehr zwischen solcher gemeinsamer Führung und einer Notwehr aller gegen alle«, so Daimler-Benz-Chef Edzard Reuter in dem bereits zitierten Vortrag.

Die Wachstumsprogramme der einzelnen Staaten müssen synchronisiert werden. Das war das entscheidende Handicap der 80er Jahre. Als Frankreich anfeuerte, bremsten Deutschland, England und die USA – und als die USA auf Expansion schalteten, bremste Europa. Damit war das Scheitern vorbestimmt und das einzige Resultat jeweils ein riesiges Haushaltsdefizit. Das freilich setzt voraus, daß man sich überhaupt erst einmal über die Notwendigkeit von Wachstumsprogrammen einig ist. Und darin genau besteht der Dissens zwischen Bonn und dem Rest der Welt.
Der globale Keynesianismus, der heute ansteht, verlangt zugleich eine parallele nichtrestriktive Geldpolitik der westlichen Zentralbanken. Das schließt zuallererst einen Verzicht ein auf das Hobby der Deutschen Bundesbank, die Inflationsrate auf Dauer unter zwei Prozent zu drücken. Denn das ist unverkennbar die Grenzinflation, unterhalb der eine innovative Industriegesellschaft dieser Epoche ihr Wirtschaftswachstum lähmt und zerstört. (Das vielbewunderte Japan hat seinen kometenhaften Aufstieg in den 70er Jahren bei einer jährlichen Inflation von neun Prozent verwirklicht.) »Wenn die Europäer von der amerikanischen Regierung ebenso energische wie verantwortliche Maßnahmen zum Abbau des Haushaltsdefizits erwarten dürfen, haben unsere amerikanischen Freunde umgekehrt genauso das Recht, von den europäischen Regierungen und insbesondere von der Bundesregierung zu verlangen, daß sie nun endlich Abschied nehmen von ihrer überängstlichen Deflationsstrategie«, so Edzard Reuter[9]. Solange Zinsen und ähnliche monetäre Leitgrößen nicht in der Gemeinschaft der Industriestaaten abgeklärt werden, ist das gesamte Instrumentarium staatlicher Konjunktur- und Wachstumspolitik empfindlich geschwächt.
Eine weltweit abgestimmte Geldmengen- und Zinspolitik verlangt in der Konsequenz eine Welt-Zentralbank. Diese

muß im besonderen verhindern, daß im Wettlauf um die Anwerbung von Kapital die westlichen und andere Staaten mit Zinsprämien gegeneinander konkurrieren und damit zum Schaden aller den Geldpreis nach oben treiben. Eine solche Welt-Zentralbank ist zugleich die notwendige und überfällige Konsequenz aus der »Restliberalisierung« und Internationalisierung des Geld- und Kapitalverkehrs, der die nationalen Zentralbanken nicht selten als hilflose Statisten zurückgelassen, spekulative Exzesse en gros hervorgebracht, den Globus in ein Spielcasino verwandelt und Risiken und Instabilitäten aufgetürmt hat, deren Kosten im Krisenfall auf die Nationen zurückfallen. Sie erscheint als die einzige Chance, einen Weltfinanzinfarkt auszuschließen. Sinnvolle Vorstufe wäre eine europäische Zentralbank, wie sie von Frankreich wiederholt vorgeschlagen, doch in der Bundesrepublik abgelehnt worden ist – vorausgesetzt freilich, sie würde nicht zum Transmissionsriemen, die destruktive Deflationspolitik des deutschen Bundesbankvize Schlesinger und seiner Fraktion zu europäisieren.

Um die zur Rettung des westlichen Wohlstands und der politischen Stabilität notwendigen staatlichen Wachstumsinitiativen zu finanzieren, ist eine angemessene Besteuerung der Kapitalgewinne unverzichtbar. Zu diesem Zweck muß der Spuk der Steueroasen und sonstiger Off-shore-Finanzzentren unter Kontrolle gebracht werden. Ein wachsender Teil der Gewinne entzieht sich dank der explosiv gewachsenen internationalen Finanztransaktionen der Besteuerung. Die Folge ist ein Überwälzen der Staatsfinanzierung auf Lohn- und Mehrwertsteuer und nicht zuletzt deshalb auch ein allenorts wachsendes Staatsdefizit. (Auch bei der Eindämmung dieser Fehlentwicklung fungiert die Bundesrepublik bisher als Bremser. Gemeinsam mit dem Veto der Schweiz hat sie Initiativen der OECD gestoppt. Die 1977 von der EG

beschlossenen Richtlinien über Amtshilfe und Informationsaustausch bei internationaler Steuerhinterziehung und Steuerflucht wurden von der Bundesrepublik als einzigem Staat nicht übernommen. Erst als 1985 von der EG das Vertragsverletzungsverfahren gegen die Bundesrepublik in Gang gesetzt wurde, gab Bonn nach.)
Bisherige Reaktion der Regierungen auf die wachsende Gewinnverlagerung ist zugleich die Absenkung von Steuersätzen, um damit den Anreiz zur Kapitalverschiebung in Niedrigsteuergebiete zu mildern. Die Folge ist ein wechselseitiges Unterbieten auch der Industrienationen bei der Besteuerung von Kapital und Gewinn. Aus diesem Grund bringen die meisten Steuerreformen der Industriestaaten eine Umverteilung der Steuerlast von Spitzenverdienern und Kapitalerträgen auf Lohnabhängige und Konsumenten.
Schritte zur Absicherung der fairen Besteuerung von Gewinn und Kapital sind unabdingbar geworden. Eine erste notwendige Maßnahme ist die Einführung einer Quellensteuer auf Zinszahlungen in Steueroasen und andere Offshore-Zentren. Dabei ist der landesübliche Körperschaftssteuersatz von 34 Prozent (USA) bis über 50 Prozent in Anschlag zu bringen. Fast jeder deutsche Konzern von Rang unterhält mittlerweile seine karibische Finanzierungsgesellschaft, nicht selten wohl versteckt hinter Zwischenfirmen in Holland oder Luxemburg. Gewiß sind die Gewinne von Oasentöchtern deutscher und amerikanischer Firmen zu Hause am Sitz der Mutterfirma zu versteuern. Doch niemand prüft die Bücher in Panama, Curaçao oder Liechtenstein.
Gerechtfertigt wird das Auswuchernlassen dieses Offshore-Geschäfts mit einer verstärkten Konkurrenz der Geldanbieter untereinander und rapide verbesserter globaler Mobilität des Kapitals. In Kauf genommen wird dabei

neben Steuerverlusten eine bedrohliche Aushöhlung der Solidität im Kreditgeschäft. Wenn die Industriestaaten gemeinsam den Zaun einer Quellensteuer für Zinsen um das Off-shore-Netzwerk legen, so bleibt die globale Mobilität des Geldes und die intensivierte Konkurrenz innerhalb dieses Netzwerks erhalten. Produktiv »arbeiten« jedoch kann das Geld zumeist nur außerhalb der Oasen in normalen Volkswirtschaften. Und dort, wo der Gewinn auf dieses Geld entsteht, muß er auch besteuert werden. Eine andere Alternative besteht aufgrund der internationalen Kapitalbeweglichkeit nicht mehr. Und weil sich ohne Druck die Industriestaaten bis zum St. Nimmerleinstag nicht zu einer gemeinsamen Quellensteuer gegenüber dem Oasen-Netzwerk zusammenraufen und die Umlenkung von Geldern über Drittstaaten kaum Zeit noch Mühe kostet, ist vermutlich nur eine Quellensteuer auf Zinszahlungen ins Ausland insgesamt wirksam. Davon ausgenommen werden soll dann jeder Staat, der die gleiche Maßnahme anwendet, bis schließlich alle Industrienationen auf diesen einzigen Weg eingeschwenkt sind, die Staatskassen vor der Steuerflucht ins Oasen-Netzwerk zu schützen.

Überfällig ist die Beseitigung eines spezifisch deutschen Gebrechens, um die Finanznot der kommenden Krise zu mildern. Der erwähnte »Bankenerlaß«, der die Besteuerung der großen Kapitalvermögen gemäß Gesetz verhindert, muß weg. Es kann nur noch Kopfschütteln auslösen, wenn aus Geldnot auf Maßnahmen zur Vermeidung des Kriseneinbruchs verzichtet wird, der Staat sich aber zugleich ostinat weigert, die ihm seitens der Oberschicht gesetzlich zustehenden Gelder einzusammeln. Die Bundesrepublik sollte zum System der USA übergehen, wo die Banken Kontrollmitteilungen über Zinseinkünfte aller Konten und Wertpapierdepots per Computer beim Staat abliefern, der sie damit in die Einkommenssteuer einbezieht – gemildert in

Deutschland um einen Sparzinsfreibetrag bis zur Größenordnung von achttausend Mark.

Was tun?

Wie man bei sich abzeichnender Depression die Nachfrage sichert, ist hinlänglich bekannt: Kaufkraft stärken, mit öffentlichen Investitionen für Beschäftigung sorgen und Arbeitsplätze bei den sozialen Diensten schaffen. Lohnsteigerungen haben gegenüber Staatsaufträgen den Vorteil, eine Nachfrage zu erzeugen, die nicht irgendwann zu Ende geht, und sie belasten die öffentlichen Hände weniger. Staatsaufträge können gezielt brachliegende Kapazitäten der Wirtschaft auslasten. Zudem liegt angesichts des Konsumniveaus der bundesdeutschen Bevölkerungsmehrheit und angesichts des Zustandes der Allmende der reale lebenswichtige Bedarf eher im Kommunalen.
Ein Ankurbeln der Binnennachfrage über die Löhne dagegen hat in der Bundesrepublik gegenwärtig den entscheidenden Vorteil, nicht von der Zustimmung einer wenig kompetenten und handlungsfähigen Regierung abhängig zu sein. Es wird von den Gewerkschaften durchgesetzt. Und die deutsche Gewerkschaftsbewegung ist die einzige innerhalb der großen Industriestaaten, die nicht empfindlich geschwächt wurde. Gewiß sind auch hier Handlungsmöglichkeiten beschnitten worden, so bei der Neufassung des Paragraphen 216 des Arbeitsförderungsgesetzes. Doch die deutschen Gewerkschaften haben keinen Schrumpfungsprozeß erlitten. Sie zählen 350000 Mitglieder mehr als noch vor zehn Jahren. Sie haben im letzten Jahrfünft Zurückhaltung gezeigt und nunmehr Spielraum für Nachschläge.
Eine nach dem Börsenkrach in den »World Financial« Markets veröffentlichte Analyse des Morgan Guaranty Trust

gründet ihre pessimistische Prognose für die Weltwirtschaft vor allem auf der gedrückten Lohnentwicklung in Deutschland und Japan. »In der Bundesrepublik und Japan, so die Morgan-Studie, ließen sich die Arbeitnehmer zu leicht mit dem Argument einschüchtern, daß Lohnerhöhungen inflatorisch seien, eine Fehleinschätzung, wenn Reallohnerhöhungen erheblich unter dem durchschnittlichen Produktivitätswachstum bleiben. Zu den potentiellen Kosten solch chronischer Nachfragelücken, so warnt die Morgan-Studie, gehört die Verzerrung globaler Güter- und Finanzmärkte«, berichtet das »Handelsblatt«[10]. Die Produktivität der Arbeitsstunde ist 1980–87 in der Bundesrepublik um insgesamt 18,5 Prozent gewachsen, der Netto-Reallohn pro beschäftigtem Arbeitnehmer um 0,2 Prozent *geschrumpft.*[11]
Die Wirtschaft nutzt die Stunde, um erneut Steuerentlastungen einzufordern. Doch soweit es die Investitionsbegeisterung betrifft, so ist die völlige Unwirksamkeit von steuerlichen Anreizen 1982–86 in den USA mit schwindelerregendem Geldaufwand gültig nachgewiesen worden (vgl. Kapitel III) – dies, obwohl die amerikanischen Steuervergünstigungen für Unternehmen sich nicht auf die Gewinne als solche gerichtet hatten, sondern direkt an Sachinvestitionen gebunden waren. Es wäre ein kostspieliger Schildbürgerstreich, das amerikanische Experiment jetzt hierzulande zu wiederholen. Zumal belegen auch deutsche Untersuchungen, daß Steuervergünstigungen allenfalls dazu führen, bereits geplante Ausgaben vorzuziehen oder zu verschieben, kaum je aber zusätzliche Investitionen verursachen.[12]

Doch der Staat kann die Wirtschaft zum Investieren *zwingen*, und zwar kraft Gesetz und TÜV. Wenn die Unternehmen nicht am Rande des Bankrotts sind, und wahrlich kann das niemand nach diesem fetten Jahrfünft behaupten, so ist jetzt der Moment, ihnen an Umweltschutz-Ausrüstungen abzuverlangen, was sinnvoll ist. Die Situation – reichlich Geld, schwache Nachfrage, absinkende Konjunktur und eine glänzende Position auf den Weltmärkten – ist dafür geradezu imperativ. Wohl kaum so bald wieder sind Umweltschutz-Investitionen von der Wirtschaft so leicht finanzierbar und von den Nebenwirkungen auf Konjunktur und Arbeitsmarkt so deutlich geboten wie jetzt. Auch das »Knüppel aus dem Sack«-Argument von der bedrohten internationalen Konkurrenzfähigkeit wirkt angesichts unseres Exportüberhanges nur noch skurril, und kurzsichtig ist es ohnehin. Weil andere Industriegesellschaften – Frankreich, England, die Ballungszentren der Südhemisphäre und der gesamte realsozialistische Osten von der Elbe bis zum Janktsekiang – auf dem ökologischen Ohr zur Zeit noch recht taub sind, in spätestens einem Jahrzehnt aber unter unaufschiebbarem Problemstau ihrer Umweltbelastung leiden werden, zwingen wir der deutschen Wirtschaft mit kompromißlosen Öko-Auflagen die technologische Führerschaft in einem der entscheidenden Zukunftsbereiche auf.

Auch die gängige Befürchtung, manche Chemie werde bei schärferen Auflagen ins Ausland verlagert, überzeugt nicht. Produktionen, die in der Tat nur unter Inkaufnahme der Zerstörung unserer Lebenssphäre konkurrenzfähig sind, sollten wir dankbar ziehen lassen.

Und dort, wo die Kosten für notwendige ökologische Maßnahmen in der Tat die Finanzkraft der Firmen überfordern, kann umgelegt werden. Wer hindert uns daran, pro Kilowattstunde Industriestrom einen Umweltpfennig zu kassieren und damit die Rauchgasentschwefelung zu bezahlen? Die erforderlichen 10 Milliarden wären damit in 5 bis 6 Jahren wieder aufgebracht, 47000 Arbeitsplätze geschaffen und einer der beiden Hauptursachen des Waldsterbens wäre im fast letzten Moment beseitigt.

Viel, doch nicht alles, kann den Unternehmen auferlegt und kostenneutral wegreguliert werden. Der Staat muß ran. Die ökologischen Altlasten bringt keine Emissions- oder Entsorgungsvorschrift mehr weg. Etwa 50000 wilde oder früher genehmigte Müllhalden lagern als chemische Zeitbomben in unserer Erde und versickern ihre Toluole, Dioxinschlämme und Cyanide nach und nach flächendeckend in die Grundwasserströme. Ihre Sanierung kostet im nächsten Jahrzehnt mindestens 17 Milliarden Mark. Würde die Steuerhinterziehung für die Zinsgewinne auf große Vermögen nicht vom Finanzminister geschützt, sondern dieses Geld wie jeder Lohngroschen gemäß bestehendem Recht versteuert, so wären diese 17 Milliarden in anderthalb bis zwei Jahren in der Kasse.
Die Sanierung des 270000 km langen Abwassernetzes und die Modernisierung der Altkläranlagen mit einer Bio-Stufe steht an. 36 Milliarden würde das kosten, die Sanierung des 281000 km langen Trinkwassernetzes weitere 20 Milliarden. Beides zuammen erreicht noch nicht einmal die Summe, die von den deutschen Banken allein 1986 im Saldo in Ausland kanalisiert worden ist und zumindest als Kredit hätte genutzt werden können.
40000 Dauerarbeitsplätze entstünden, wenn jährlich rund eine Milliarde an öffentlichen Zuschüssen in die Kraft-Wärme-Koppelung flössen. Würden allein die außergewöhnlich hohen steuerfreien Risiko-Rückstellungen des Siemens-Konzerns von derzeit 14½ Milliarden auf das in der Wirtschaft übliche Maß zurückgeführt und die frei werdenden Gelder ordnungsgemäß als Gewinn versteuert[13], so wäre dieses Programm schon für sechs Jahre finanziert.
Das Münchener Ifo-Institut für Wirtschaftsforschung hat berechnet, daß durch gezielte Auflagen und Anreize im Umweltschutz mittelfristig mindestens 250000 bis 300000 Arbeitsplätze entstehen könnten. Und würden Stoltenbergs

unsinnige Steuergeschenke statt dessen »für eine Verstetigung der öffentlichen Investitionstätigkeit verwendet, könnten damit 420000 Arbeitsplätze geschaffen werden«. So steht es in einem Gutachten des Deutschen Instituts für Wirtschaftsforschung für das nordrhein-westfälische Ministerium für Arbeit und Soziales.

Wenn die Nordsee gekippt, das Wattenmeer zur toten Chemielache verkommen und der Wald verschwunden ist, wird es kaum noch jemand zu schätzen wissen, daß statt der Natur der Bundeshaushalt saniert, der Dollar gestützt und der Spitzensteuersatz gesenkt worden ist. Wenn die reichste Gesellschaft der Geschichte nicht das Geld aufbringt, ihre biologischen Existenzgrundlagen zu sichern, so erweist sie sich trotz aller Hypertrophie des Wissenschaftsapparates zugleich auch als die dümmste Gesellschaft der Geschichte. Und mit hoher Wahrscheinlichkeit wird sie dann auch die letzte Gesellschaft der Geschichte sein.

Auch die anderen Investitionsprogramme in die Defizitbereiche unseres Gemeinswesens müssen aus den Schubladen, in den öffentlichen Nahverkehr, die Verkehrsberuhigung, die Entschärfung von Unfallschwerpunkten, in die Wohnumfeldsanierung. Keine unternehmerische Privatinitiative kann das leisten.

Seit 12 Jahren wird die Bauwirtschaft in der Bundesrepublik abgewrackt, zerstört und gesundgeschrumpft. Im Wohnungsbau erreichen die Aufträge nur noch 58 % des Standes von 1980. Doch unbestreitbar sind viele Behausungen noch menschenunwürdig, würde auch die Mehrzahl der Bevölkerung sehr gern in einer größeren und besseren Wohnung leben. Die Dauerkrise am Bau ist nicht die Folge einer realen Sättigung des Bedarfs, sondern einer falschen Einkommensverteilung, Zins- und Steuerpolitik und eines Ignorierens ökologischer Nöte. Denn auch Gewässerschutz ist Bauarbeit. Was da süffisant als Kapazitätsbereinigung abgehandelt wird, ist die Vernichtung von produktiven Werten, die jetzt schon zur Rettung der bedrohten Umwelt und zum Erhalt der Lebensqualität gebraucht werden.

Bei den Gemeinden hat sich in den letzten Jahren bereits ein Investitionsstau von 50 Milliarden gebildet. Die öffentlichen Bauinvestitionen lagen 1986 noch immer um ein Viertel unter dem Durchschnitt der 70er Jahre. Doch statt des zur Krisenvermeidung dringlichen Investitionsschubs wird für 1988 erneut ein Rückgang um drei Prozent erwartet. Denn weil Bonn zum ersten die Arbeitslosigkeit hochtreibt und zum zweiten die Kosten der Dauerarbeitslosigkeit in wachsendem Maße auf die Kommunen abschiebt, um fragwürdige Steuersenkungen zu finanzieren, fehlt es dort an Finanzmasse.

Das Rentendebakel der kommenden Jahrzehnte ist Dauerthema von Politik und Presse. Die Geburtenrate ist in den letzten Jahrzehnten um gut ein Drittel gesunken, die Lebenserwartung dagegen gestiegen. Folglich wird sich das Verhältnis von Arbeits- zur Rentenbevölkerung empfindlich verkleinern. Das ist hinlänglich bekannt. Alles, was den Verantwortlichen bisher dazu einfällt, ist ein Heraufsetzen des Rentenalters und ein Absenken des Rentenniveaus. Doch zum ersten muß die Produktivität dieser Gesellschaft soweit gesteigert werden, daß später die wenigeren Arbeitsfähigen mehr Betagte, Kranke und Kinder menschenwürdig unterhalten können. Das erfordert heute das machbare Höchstmaß an Investitionen ins Produktivvermögen und in die Ausbildung der jungen Generation. Zum zweiten sind diejenigen Probleme und Aufgaben, die sich unübersehbar vor uns auftürmen, im Umweltschutz, beim Städtebau, bei der Wohnumfeldsanierung und beim Infrastrukturbedarf, heute anzugehen, wo Arbeitskräfte en mass verfügbar sind. Man kann nur fassungslos auf das Treiben einer Regierung blicken, die Multimilliarden an erwirtschaftetem Kapital auf

den internationalen Geldmärkten versickern, junge Menschen ohne Aufgabe und Beruf ins soziale Abseits gleiten und ältere Facharbeiter früh verschrotten läßt und die zugleich der nächsten Generation eine Last kumulativ wachsender Umweltprobleme und Altlasten zuschiebt, für deren Bewältigung es dann die Arbeitskräfte nicht geben wird.
Ein Staat, der sich in konjunktursensiblen Momenten aufs Sparen versteift, hat hernach nicht selten eine größere Schuldenlast am Hals als ein Staat, der den Sturz in die Krise mit Deficit-Spending abfängt – vom krisenbedingten Wohlstandsverlust der Nation noch zu schweigen. Denn je tiefer die Depression, desto geringer die Einnahmen der Steuer und desto größer die Lasten von Arbeitslosengeld und Sozialhilfe.
Es handelt sich bei Zuwachs oder Kürzung von Löhnen, Staatsausgaben und Gewinnen eben nicht um ein »Nullsummenspiel«, nicht um die Verteilung eines festen Gesamtbetrages, sondern um das Stimulieren oder Lähmen von Wirtschaftsprozessen, die den zu verteilenden Wohlstand wachsen oder schrumpfen lassen. Soweit besteht im Grund Einigkeit zwischen den Neokonservativen und ihren entsetzten Kritikern. Der Dissens besteht darin, *welche* Umverteilungen Wachstum oder Schrumpfung auslösen. Die Erfahrungen der 80er Jahre widerlegen das neokonservative Versprechen, daß eine Gewinnexplosion zu Lasten der Löhne Investitionen und Arbeitsplätze bringt.
Zum zweiten besteht ein grundsätzlicher Zielkonflikt zwischen Geldwertstabilität und Wachstum. Eine Hochzins- und restriktive Geldmengenpolitik der Zentralbank verteuert Realinvestitionen, macht Papieranlagen attraktiver und stranguliert folglich das Wirtschaftswachstum. Wer sein Einkommen zu weit über 90 Prozent aus Lohnarbeit bezieht und seine Rücklagen auf Sparbüchern hat, deren bescheidener Zinssatz zumeist rasch der Inflationsrate angepaßt wird,

der profitiert selbstredend mehr von Wachstum und Vollbeschäftigung als von einer quasi-totalen Geldwertstabilität, die mit hoher Arbeitslosigkeit, winzigen Wachstumsraten und Lohnstagnation oder -verfall erkauft ist. Ganz anders sieht es aus bei dem, dessen Einkommen zum Großteil aus Zinsen seines Vermögens herrührt. Hier herrscht eine verständliche, wenn auch oft irrationale Angst vor inflationärer Entwertung. Hier ist Geldwertstabilität beruhigend, komfortabel und mitunter auch profitabel und der Gedanke an Arbeitslosigkeit von minderem Schrecken. Es ist eine der grandiosen Propagandaleistungen der 80er Jahre, die Wählermehrheit des Westens vom Segen der quasi-totalen Geldwertstabilität auch um den Preis hoher Arbeitslosigkeit und eines kaum noch wachsenden oder gar fallenden Wohlstands überzeugt zu haben.

Inzwischen freilich gewinnt die Fortführung der neokonservativen Konzepte eine Destruktivität, die auch das solideste Gemeinwesen nicht mehr verkraftet. Was jetzt – nach Crash und Wendepunkt der Weltkonjunktur – not tut, ist eine Politik des billigen Geldes, ist das Anfeuern des Wachstums, das rasche Abfangen von wirtschaftlichen Kontraktionsprozessen und die Abstinenz von allen nationalen Egoismen, die dem Erstagierenden kurzfristigen Vorteil bringen, die Weltwirtschaft insgesamt aber tiefer ins Depressionstal reißen.

Ein neues 1929 ist vermeidbar, vorausgesetzt die Regierungen handeln und sie handelns, rasch und gemeinsam, und vorausgesetzt, die Gewerkschaften lassen sich nicht einen selbstdestruktiven Kurs der Lohnbescheidung aufdrängen. Internationale Zusammenarbeit ist das Gebot der Stunde, ein global abgestimmter Keynesianismus – staatliche Investitionsprogramme, Lohn- und Kaufkraftstärkung und Niedrigzinsen – die einzige Chance.

Was der Bundesrepublik von den Handelspartnern abverlangt wird, ist nichts anderes als die Wahrnehmung ihrer wirklichen eignen Interessen. Wir leisten den Beitrag zur Stabilisierung der Weltwirtschaft, den die westliche Staatengemeinschaft zu Recht von uns fordert, wenn wir die faszinierende Leistungsfähigkeit der deutschen Industrie stärker auf den Schutz und die Bewahrung unserer eignen Lebenswelt ausrichten und wenn wir nicht darauf bestehen, auf Dauer deutlich weniger zu konsumieren und zu investieren, als wir produzieren.

Es gibt sinnvolle und notwendige Aufgaben, die nur unter Inkaufnahme unkalkulierbarer Kosten oder irreversibler Schäden aufschiebbar sind. Es gibt Kapital, das nach produktiver Verwertung verlangt, und es gibt Menschen, die Arbeit suchen. Woran es fehlt, ist ein politisches Management, das die Einsicht und Fähigkeit hat, diese drei Komponenten zusammenzuführen.

Wir müssen darauf verzichten, weiterhin mit aggressiven Exporten und gleichzeitigem Sparkurs im Inland die Konjunkturpolitik der Handelspartner auszunutzen und zu unterlaufen und zugleich Weltmeister der Geldwertstabilität sein zu wollen. Die Bundesrepublik ist gewiß zu schwach, die Weltwirtschaft im Alleingang zu stabilisieren. Doch sie ist stark genug, sie im Alleingang und gegen die gemeinsame Anstrengung der Handelspartner zu destabilisieren und in die Krise zu manövrieren.

Anmerkungen

I

Börsendämmerung

1 Business Week, 25. 1. 88, S. 31
2 alle vier Zitate Handelsblatt 26. 10. 87 und 26. 1. 88
3 New York Times 15. 12. 87
4 New York Times 15. 12. 87
5 Jens Ehrhardt, Gründer und Chef der gleichnamigen Münchener Vermögensverwaltung und Herausgeber des Börsenbriefs »Finanzwoche«, Handelsblatt 6. 11. 87
6 DIE ZEIT 30. 10. 87, S. 39
7 Süddeutsche Zeitung 14. 12. 87
8 Charles P. Kindleberger, Die Weltwirtschaftskrise, München 1984, S. 111f.
9 Süddeutsche Zeitung 14. 11. 87

III

Die amerikanische Tragödie

1 Handelsblatt 14. 10. 87
2 Handelsblatt 24. 11. 86
3 Fortune 28. 9. 87
4 Alan J. Auerbach, James M. Poterba, Why Have Corporate Tax Revenues Declined?, National Bureau of Economic Research, Working Paper Series No. 2118, Cambridge, Massachusetts 1987, S. 16

5 Süddeutsche Zeitung 6.2.86
6 Robert S. McIntyre, David Wilhelm, Money for Nothing. The Failure of Corporate Tax Incentives 1981–84, Citizens für Tax Justice, Februar 86
7 Handelsblatt 24.11.86
8 New York Times 13.12.87
9 Handelsblatt 21.12.87, 21.11.86, Süddeutsche Zeitung 24.11.86
10 New York Times 13.12.87
11 zitiert nach Joyce Kolko, Restructuring The World Economy, Pantheon Books, New York, im Erscheinen
12 John B. Shoven, New Developments in Corporate Finance and Tax Avoidance. Some Evidence, National Bureau of Economic Research, Working Paper Series No. 2091, Cambridge, Massachusetts, Dezember 86
13 Handelsblatt 17.11.87
14 berechnet nach Börsenkursen vom 16.12.87
15 New York Times 13.12.87
16 Fortune 23.11.87
17 Handelsblatt 27.11.87
18 Business Week 20.4.87, S. 47
19 Business Week 3.3.86
20 berechnet aus »Jahresgutachten des Sachverständigenrates zur Begutachtung der gesamtwirtschaftlichen Entwicklung 1987/88« Tabelle 5*
21 Financial Times 11.5.87
22 Handelsblatt 24.11.86
23 Handelsblatt 14.10.87
24 Business Week 3.3.86
25 ibid., S. 59
26 ibid.
27 Handelsblatt 14.10.87, B2
28 ibid.
29 Entwicklung des Einkommensmedians, Alter des Haushaltsvorstandes. Die obigen Angaben zu den Industrielöhnen beziehen sich auf die Wochenlöhne; vgl. Economic Policy Institute, Washington D.C., Family Incomes in Trouble. Briefing Paper,

Oktober 86. Zur Einkommensauffächerung vgl. Lester Thurow, A Surge in Inequality, Scientific American, Mai 1987, S. 36

30 Süddeutsche Zeitung 18.12.87

31 Meldung des ORF Teletext vom 27.10.87

IV
Geldschwamm USA

1 Handelsblatt 26.6.87

2 Handelsblatt 11.11.83

3 Handelsblatt 10.11.87

4 Wirtschaftswoche 20.11.87, S. 91

5 Handelsblatt 20.11.87

V
1924–29 und 1982–87 – Vergleich zweier Epochen

1 Die hier gebotene Analyse der zwanziger und frühen dreißiger Jahre folgt im wesentlichen dem brillanten und unveröffentlichten vierten Band der Habilitationsschrift von Professor Hartmut Elsenhans, Universität Konstanz, »Die Weltwirtschaftskrise der 30er Jahre und die Wachstumsbedingungen industriekapitalistischer Systeme«, ausführliche Quellen und Belege zu den in diesem Abschnitt gebotenen Ziffern und Thesen vgl. ebenda.

2 Frederick C. Mills, Economic Tendencies in the U. S., The National Bureau of Economic Research, New York 1932, S. 38 und S. 290, in der gesamten amerikanischen Wirtschaft wuchs die Produktivität um 2,4 % (Vorkriegszeit 1,1 %).

3 Thomas C. Cochran, The Great Depression and World War II. 1929–45, Glenview, Illinois, 1968, S. 79

4 Elsenhans S. 77

5 ibid., S. 64f.
6 ibid., S. 130ff., daselbst ausführliche Quellen
7 ibid., daselbst ausführliche Belege
8 Benjamin M. Anderson, Economics and the Public Welfare. Financial and Economic History of the United States, New York 1949, S. 73f., Norman J. Silberling, The Business Cycle. An Analysis of Trend Cycles and Time Relationsships in American Economic Activity Since 1700 and their Bearing Upon Governmental and Business Policy, New York 1943, S. 552, Alfons Schmitt, Die Weltwirtschaftskrise, Berlin 1931, S. 37
9 Nettoersparnis plus Abschreibungen und nichtentnommene Gewinne minus Investitionen und Lagerveränderung
10 Charles P. Kindleberger, The World in Depression 1929–39, Berkeley 1986, S. 104
11 Elsenhans, S. 98
12 Sachverständigenrat zur Begutachtung der gesamtwirtschaftlichen Entwicklung, Jahresgutachten 1987/88, Tab. 21.
13 berechnet aus Sachverständigenrat 1987/88, Tabelle 24*, Materialband zum Sozialbudget 1986 des Bundesministers für Arbeit und Sozialordnung, Tabelle IV-1, S. 243 und Monatsberichte der Deutschen Bundesbank, Tabelle VIII.7.* Wir legen hier das Bruttolohnkonzept des Bundesministers für Arbeit und Sozialordnung zugrunde, das die Arbeitgeberanteile an der Sozialversicherung nicht dem Bruttolohn zuschlägt, wie das der Sachverständigenrat tut. Andernfalls ergäbe sich eine Abgabenbelastung des Bruttolohnzuwachses von 61,7 Prozent.
14 ohne private Vermögenseinkünfte und kalkulatorischen Unternehmerlohn; vgl. Süddeutsche Zeitung 24. 12. 86
15 vgl. z. B. für die Chemie Handelsblatt 30. 12. 87. Nicht einbezogen sind dabei die Lohnnebenkosten, bei denen die Bundesrepublik noch deutlich vor Japan liegt; vgl. z. B. Handelsblatt 18. 2. 86
16 berechnet aus: Deutsches Institut für Wirtschaftsforschung, Wochenberichte 37/1983, S. 456, 38/1985, S. 430, 1–2/1986, S. 5 und 1/1987, S. 5.
17 Handelsblatt 18. 2. 86, Süddeutsche Zeitung 11. 10. 86
18 Financial Times 26. 7. 86

19 DIE ZEIT 30.10.87

20 Durchschnitt Juli bis November 87, errechnet aus: Statistische Beihefte zu den Monatsberichten der Deutschen Bundesbank, Reihe 4, Saisonbereinigte Wirtschaftszahlen, Januar 1988, Tabellen 15f.

21 Süddeutsche Zeitung 1.8.87

22 berechnet aus Sachverständigenrat 87/88, Tab. 9*

23 Süddeutsche Zeitung 19.12.87

24 Quelle: Wupper Report, Database der Booz. Allen Acquisition Services

25 Die kurzfristigen Zinssätze abzüglich Inflation lagen 1981 in den USA 2,2 Prozent unter den deutschen Zinssätzen und die langfristigen Zinssätze um 1,6 Prozent unter dem deutschen Zinsniveau; errechnet aus Sachverständigenrat 1987/88 Tabellen 6* und 14*

26 Handelsblatt 7.12.87 und 28.12.87

VI
Diagnose der Weltwirtschaft

1 vgl. Elsenhans, S. 165ff.

2 Handelsblatt 15.12.87

3 ibid.

4 Labor Quandary: The Right to Strike is on Strike, Newsdays, New York, 8.6.87

5 Handelsblatt 30.4.87

6 Handelsblatt 9.12.87

7 Handelsblatt 7.12.87

8 DER SPIEGEL 49/87, S. 162

9 Elsenhans, S. 181

10 Wirtschaftswoche 48/87, S. 31 und Handelsblatt 15.11.87 und 2.12.87

VII
Zur Lage der Nation – Traum und Wirklichkeit

1 Süddeutsche Zeitung 9. 11. 87, Handelsblatt 9. 11. 87
2 Handelsblatt 29. 6. 87 und 26. 6. 87
3 Süddeutsche Zeitung 8. 12 und 12. 12. 87 und 29. 1. 88
4 Wirtschaftswoche 20. 11. 87, S. 169
5 Handelsblatt 29. 10. 87
6 Interview im Süddeutschen Rundfunk, vgl. Süddeutsche Zeitung 4. 1. 88
7 Zitate aus DER SPIEGEL 23. 11. 87, 30. 11. 87, Wirtschaftswoche 20. 11. 87 und Süddeutsche Zeitung 12. 12. 87 und 21. 11. 87
8 Handelsblatt 19. 11. 87 und 23. 12. 87
9 Handelsblatt 14. 1. 88

VIII
Aus- und Irrwege

1 Charles Kindleberger, The World in Depression 1929–39, Berkeley 1986, S. 304f.
2 Handelsblatt 29. 12. 87
3 zitiert nach Süddeutsche Zeitung 4. 1. 88
4 Elsenhans, 1978, S. 170, vgl. auch Wolfram Fischer, Deutsche Wirtschaftspolitik 1918–45, Opladen 1968, S. 39, Wilhelm Grotkoop, Die Große Krise: Lehren aus der Überwindung der Wirtschaftskrise 1929–32, Düsseldorf 1954, S. 221, Sering, in: Franz Boese ed., Deutschland und die Weltwirtschaftskrise, München. Leipzig 1932, S. 55
5 Elsenhans, S. 170
6 Süddeutsche Zeitung 23. 10. 87
7 Süddeutsche Zeitung 10. 12. 87
8 DER SPIEGEL 28. 12. 87
9 ibid.
10 Handelsblatt 21. 10. 87

11 Für 1980–85 ergibt sich ein Verfall des durchschnittlichen Arbeitnehmer-Netto-Realeinkommens von 6,2 Prozent, für 1985–87 ein Anstieg von 6,4 Prozent. Damit ist noch nicht wieder das Realeinkommen von 1980 erreicht; berechnet aus Sachverständigenrat 1987/88. Tab. 24* und 24, Monatsberichte der Deutschen Bundesbank 12/87 und 12/83, Tab. VIII 3* und 7* und Statistische Beihefte zu den Monatsberichten der Deutschen Bundesbank, Reihe 4. Saisonbereinigte Wirtschaftszahlen 1/88, Tab. 6. Für die Jahre 1982–87 errechnet sich ein Reallohnzuwachs pro Arbeitnehmer von 3,9%. Der Produktivitätszuwachs beträgt 16,3 Prozent. (Der *Brutto*-Reallohn pro beschäftigtem Arbeitnehmer ist 1980–1987 um 5,5 % und d.h. mit einer mittleren Jahresrate von 0,77 % gestiegen.)

12 vgl. z. B. Franz Wittmann, Der Einfluß der Steuern auf die Investitionsentscheidung der Unternehmen. Eine empirische Analyse, Habilitationsschrift der Universität Augsburg, Frankfurt, New York 1986

13 9 Prozent statt wie bisher 35 Prozent oder 14,5 Milliarden Anteil der kurzfristigen Rückstellungen an einer Bilanz, die nicht durch Anhäufung von Geld und festverzinslichen Wertpapieren künstlich verlängert ist (Bilanzanteil liquider Mittel auf 8 Prozent begrenzt statt wie bisher bei Siemens auf 38 Prozent oder 22 Milliarden). Damit ergäbe sich ein nachzuversteuernder Gewinn des Siemens-Konzerns von ca. 11 Milliarden Mark.

Stefan Welzk
Boom ohne Arbeitsplätze

Die Krise, wir haben sie angeblich nicht in der Hand – oder doch? Wer ihre Lasten zu tragen hat, ist bekannt. Wer von ihr profitiert, wie Deutschlands Konzern-Elite sich arm schminkt und Milliarden an Steuergeschenken eintreibt, wie der größte Teil vom Exportüberschuß wieder ins Ausland verbracht wird, in die USA oder in karibische Steueroasen, und warum alle Lohnbescheidung nichts nutzt, das enthüllt dieses Buch.

Kiepenheuer & Witsch

Jutta Ditfurth
Träumen Kämpfen Verwirklichen

KiWi 158
Originalausgabe

Jutta Ditfurth gibt in ihrem Buch ein umfassendes Bild der Motive ihres politischen Handelns, der überraschend weitgesteckten Felder ihrer Aktivitäten und ihrer theoretischen Positionen in den Auseinandersetzungen mit den politischen Kräften der Bundesrepublik, auch innerhalb der grünen Partei.

Damit ist dieses Buch auch ein Beitrag zur politischen Geschichte der Bundesrepublik »von unten«. Aus radikal-demokratischer und radikal-ökologischer Sicht entwickelt sie eine Position gegen Anpassung und Resignation »jenseits von bewaffnetem Kampf und reformistischer Anpassung in der heutigen Bundesrepublik« *Jutta Ditfurth.*

KiWi Paperbackreihe bei Kiepenheuer&Witsch

Glasnost – Neue Offenheit

Artikel und Leserbriefe aus der sowjetischen Presse
Herausgegeben von Uwe Engelbrecht
Aus dem Russischen von Detlef Malchow
KiWi 146

Seit dem Machtantritt Gorbatschows erlebt die Sowjetunion atemberaubende Veränderungen auch und vor allem auf dem Gebiet des Pressewesens.
Uwe Engelbrecht hat eine Auswahl von Artikeln, Kommentaren und Leserbriefen der letzten Monate zusammengestellt, die ein authentisches Bild der Veränderung in der sowjetischen Presse zeigen und ein faszinierender Spiegel eines Landes im Umbruch sind.

BERNT ENGELMANN
DAS ABC DES GROSSEN GELDES

Macht und Reichtum in der Bundesrepublik – ein Lexikon
KiWi 92
Originalausgabe

Bernt Engelmanns »Who is who« der reichen Leute in der BRD beantwortet Ihnen alle Fragen, die Sie schon immer über die Mächtigen in diesem Lande hatten:

Wer sind die Reichsten in unserem Land?
Wie sind sie es geworden?
Was machen sie mit ihren Milliarden?
Woher haben sie sie?
Wann hat ihre Vermögensbildung begonnen?
Wessen Grundbesitz ist der größte?
Wem gehören die Konzerne?
Wieviel politische Macht üben sie aus?

Das *ABC des großen Geldes* gibt Antwort auf diese Fragen. Exakt. Übersichtlich. Nach Namen und Stichworten alphabetisch geordnet. Mit einer aufgeschlüsselten Rangliste der großen Vermögen.

KiWi Paperbackreihe bei Kiepenheuer&Witsch

Günter Gaus
Die Welt der Westdeutschen

Kritische Betrachtungen
KiWi 154

Günter Gaus untersucht die Bundesrepublik Deutschland auf ihrem Weg aus der Nachkriegszeit zu ihrer gegenwärtigen Existenzbedingung; er skizziert mögliche künftige Entwicklungen des Landes.

»Was sein Buch, seine Art zu denken und zu schreiben, wirklich hochaktuell und auch faszinierend macht, hängt mit der strengen Leidenschaft zusammen, mit welcher er die behauptete Normalität in Frage stellt. Diese Republik zwischen Auftrumpfen und Selbstbeschwichtigung paßt ihm nicht. Sie wird selbstzufrieden. Wer wird es nicht? Es gehört eine Menge dazu, aus solcher Zufriedenheit mit quälenden Fragen und bohrenden Thesen herauszureißen. Beim Lesen schwört man sich, den Begriff ›Normalität‹ künftig mit doppelter Vorsicht zu gebrauchen.«

Günter Hofmann, Die Zeit

Günter Gaus
Zur Person
Von Adenauer bis Wehner
Portraits in Frage und Antwort

KiWi 130

Als Günter Gaus ab April 1963 in der ZDF-Sendung *Zur Person* einmal im Monat auf dem Bildschirm erschien, konnten unzählige Fernsehzuschauer immer wieder fasziniert verfolgen, wie es ihm gelang, seine Interviewpartner zu Aussagen zu verführen, die dem glatten, kontrollierten Bild bewegend ehrliche oder auch entlarvende Züge hinzufügten. Drei Jahre lang holte sich Gaus Personen des öffentlichen Lebens vor die Kamera. Zehn der Interviewten kann man, im weitesten Sinne, als die Gründungsväter der Bundesrepublik Deutschland bezeichnen.
Dieser Band enthält Gespräche mit Konrad Adenauer, Willy Brandt, Otto Brenner, Thomas Dehler, Ludwig Erhardt, Fritz Erler, Eugen Gerstenmaier, Helmut Schmidt, Franz Josef Strauß, Herbert Wehner aus den Jahren 1963 bis 1966.

KiWi Paperbackreihe bei Kiepenheuer&Witsch

Grüne Wirtschaftspolitik – Machbare Utopien

Herausgegeben von Jo Müller, Frank Beckenbach, Reinhard Pfriem, Eckard Stratmann
Mit einem Vorwort von Otto Schily
KiWi 84
Originalausgabe

Angesichts des offensichtlichen Scheiterns der traditionellen Wirtschaftspolitik, die Arbeitslosigkeit und Umweltzerstörung zugleich produziert oder zumindest nicht verhindern kann, wächst das Interesse an den ökonomischen Gegenkonzepten der grünen Partei.
Die Autoren dieses Bandes stellen erstmals alle Felder grüner Wirtschaftspolitik im Zusammenhang dar und zeigen die – z.T. auch unterschiedlichen – Ansätze ökonomischen Denkens bei den Grünen.

Die Autoren beschreiben Wege einer ökologisch sinnvollen und sozialen Wirtschaftspolitik, die als praktische Alternative ernst genommen werden muß.

Der Band enthält Beiträge zu den Themen:
Arbeitszeit / Betriebsstrukturen Gewerkschaften / alternativer Wirtschaftssektor / Regionalpolitik / Frauen im Berufsleben / Landwirtschaft / Sozialpolitik / Steuerpolitik / Haushaltspolitik u.a.

Günter Verheugen
Apartheid

Südafrika und die deutschen Interessen am Kap
Mit einem Vorwort von Bischof Tutu
KiWi 117

Die offizielle Politik der Bundesrepublik gegenüber Südafrika ist gescheitert. Sie ist teilweise von Illusionen bestimmt, teilweise ist sie zur Komplizenschaft mit dem Regime geraten.
Die deutsche Politik ist so mitverantwortlich für die täglich millionenfachen Menschenrechtsverletzungen des weißen Minderheitsregimes. Daher stellt sich die dringende Frage, wie eine andere, die Apartheid entschlossen bekämpfende Bonner Politik aussehen müßte.